舞囃子『遊行柳 青柳之伝』
（西本願寺南能舞台「宗祖降誕会祝賀能」 2007 年 5 月 21 日
撮影：牛窓正勝氏）

無辺光

片山幽雪聞書

無辺光

片山幽雪聞書

片山幽雪
宮辻政夫
大谷節子
［聞き手］

岩波書店

目次

第一章　修業時代

初舞台は六歳

幽雪　数え六つ、満なら四つぐらいから稽古を始めました。初舞台前に、仕舞なら仕舞だけ教えてもらうとか、役がついたら、親父（博通）さんにその謡の稽古をしてもらってました。杉浦友雪さん（一八八九―一九七九。後に幽雪さんの末弟元三郎が養嗣子となる）にちょっと習ったこともあります、小さい時分にね。親父さんはそんなに厳しい方ではなかったです。まあ小さい時分はみんな口写しですわね。謡本が読めませんし。謡はだいたい口写しでやって、舞は仕舞の部分だけ教えてもらうとか。もっときちんと修業をしておられる人だったら、ずっと毎月やっていかれたんじゃないですかね。私はそういう意味じゃのんきな感じで、教えてもろた分だけしか覚えてないという感じでした。

初舞台は数え六歳のとき、観世元義（七世片山九郎右衛門）十七回忌追善能で仕舞の『猩々《しょうじょう》』を舞いました。昭和十一（一九三六）年三月八日、丸太町にあった観世能楽堂（図１・２）でした。くわしいことはあまり覚えていません。

初シテは九歳

幽雪　初シテは『岩船』でした。昭和十四(一九三九)年一月十五日、丸太町の観世能楽堂です。一方、同じ日に東京の観世能楽堂で二十五世家元(観世元正)も初シテで『岩船』を舞われました。家元と私は同い年だったのです。家元は先々代の二十四世左近元滋先生の養子で九つでした。たまたま『岩船』が同じときについたわけです。

それで本番前には、父親について東京へ行き、家元が教えてもらうときに、僕も一緒に二十四世観世左近元滋先生に『岩船』を見てもらいました。

二十四世左近先生は大きな人でした。今やったらそんなに大きい方ではないんでしょうけども、その当時やったら相当背も高いし。うちの親父より少し高かったと思います。だから「こわい人」っていうイメージが最初からありました。二十四世の左近先生がこの家(新門前・片山家)に来ておられると、大阪やら京都やらの先生方がいっぱいご挨拶やら謝りにやら、まあいろいろあるんでしょう、大勢の方が来ておられました。

初シテの『岩船』が済んだ後、親父さんからおもちゃの電気機関車をもらいました。組み立てた線路を一周する電気機関車です。その二カ月後、二十四世左近先生の最後の『卒都婆小町』があったとき、『小袖曽我』を次弟の慶次郎としました。このとき、親父さんは『道成寺』を披きました。左近先生はその晩に引いた風邪がもとで九日後に亡くなられてしまいました。

何のときでしたか、先代の家元(元正)と一緒に京都で何かやって、その褒美に、誰かから空気銃をもらったんですね。それを高雄口の家で外へ向けてこう撃ったんですね、先代家元も同じようにやったわけです。そしたら人が通りかかり、お光《てる》ばあさん（三世井上八千代の娘、光子《てるこ》。観世元義の元妻で二十四世観世左近元滋の実母）に厳しく叱られました。先代家元は東京へ帰る汽車の中でずっと怒られては

図1　丸太町の観世能楽堂舞台

図2　丸太町の観世能楽堂見所

ったらしい。その空気銃は取り上げられました。どこへ行ったかはわからんのですけど。

大谷　稽古を初めて受けられたときや、初めてご褒美をいただいたときのお気持ちを覚えておられますか。

幽雪　そういうのはあんまり覚えてませんけど、とにかくいつの間にかこういう世界に入っていって、そのままずうっと来てる状態ですから。娘の三千子(京舞井上流五世家元、井上八千代)でも、孫(井上安寿子)やらでも、高校ぐらいまで迷ってたみたいですけど、二人とも結局おばあちゃん(幽雪の母、四世井上八千代)の舞を見てやっぱりこれをやろうと思ったんでしょう。すごい、こういう人がいると、とてもそれはできないという感じもあって、悩んでいましたが、結局はおばあちゃんの舞を見て「やろう」と思ったんじゃないですかね。だから、自然に何となしに。長男の清司(現九郎右衛門)も、蹴ったり叩いたりしながらでも、とにかく、やるとかやらんとかやめるとかいう話はなしに、いつの間にかこの道に入っていくんです。孫の(観世)淳夫にも、「半身というのはこういうふうになる、足がこうなって、こうなったりしたらいかん」と。「こうなってこっちいったらこうなる」って、足持って教えてやったりしました。中学から東京に行きましたけども、ここ(片山家)で、もうちょっと基礎のお稽古をしたかったと思います。九郎右衛門のときには「違う!」って言うてただけですが……。

一同　(笑)。

丸太町の観世能楽堂

図3　丸太町の観世能楽堂外観・階上敷舞台

大谷　初舞台、初シテをなさった丸太町の観世能楽堂は終戦直前に取り壊された舞台ですね(図3)。

幽雪　丸太町の観世能楽堂が強制疎開のため壊されたのは終戦の年の四月十五日でした。すぐ取り壊しっていうのを、一週間の猶予をもらったんです。親父が一所懸命あっちこっち頼みに行ったんでしょう。そのころは引き倒しですね。大黒柱に綱を付けて引っ張る。鏡板、舞台の敷板、それと甕《かめ》だけを出したんです。柱まではとてもできませんからね。その鏡板が今、京都観世会館の楽屋の二階にあります(図4)。画家の入江波光さんと須田国太郎さんが、いつも「この松はどうもあんまり感心しない」と言うておられました。それはまあ、お素人が描かはった絵なんですね。多田さんていう、僕の小さい時分には丸太町の舞台の執事さんみたいな仕事をなさってた方が描かれたん

図4　丸太町の観世能楽堂鏡板（現京都観世会館二階敷舞台）

です。観世元義の弟子でした。僕ら子どもが廊下を走ったりすると、怒られたりしました。今でも多田さんの型付というのが残ってるんですが、絵が上手やから、一曲ずつ絵が描いてある。元義に教えられたのを克明に書いている型付です。その人が鏡板の絵を描いたんです。そやから入江さんとか須田国太郎さんにしたら気に入らんので、あれは何かの機会に描き変えたいなとおっしゃってた。須田先生、スケッチ速かったのでねえ。お能見ながら手が勝手に動くんですかねえ（図5）。

大谷　そうみたいですね。手元を見ながらじゃなくて、能を見ながら手をずっと動かして描いていらしたって、昔を知っている方にお聞きしました。丸太町の能楽堂の鏡板と舞台の敷板などはどうやって運び出されたのですか。

舞台下の甕や鏡板など運ぶ

幽雪　（甕は業者を雇い牛車で運んだが、面と装束は幽雪さんたちが運んだ）鏡板や敷板だけなら業者の車二、三台くらいあれば運べたのかもわかりません。十四個あった甕の方が大変だったんです。高さは私のちょうどこの辺（首のあたり）まではありましたわ。それに直径が一メートル以上ありますからね。途中で、防火用水にするのに都合がいいということで下ろされて。つまり、取られたわけです。高雄口に着いたのは二つ。その二つは向こうでも防火用水の形で使うてたんですけどね。それは終戦後もずっと置いてありました。

図５　須田国太郎デッサン『熊野』

丸太町河原町から、裁判所へ行くくらいまでで縄が緩んでしまうんですね。要は、縄のかけ方がわからへんのですね。一所懸命、力入れてくくるのやけど、ガタガタ動かしてたら、もう一町も行かん間に緩んでくる。で、またかけ直さなあかん。よくあれで坂上ったなあと思います。京都観世会館が出来るとき、残ってた甕を元に、信楽で同じものを焼いてもらって、能舞台の床下に埋めました。

装束と面は大八車で僕らが運びました。僕と親父と慶

図6　新門前稽古舞台

次郎が、まあ辛うじて。元三郎は付いて来たぐらいですけども。装束は今よりも少なかったですけど、一回では運び切れませんでした。鏡板は業者に頼んで運んでもらい、高雄口の庭に、鏡板のための小さな、簡単な小屋を作りました。

大谷　この丸太町の観世能楽堂の鏡板は、今、京都観世会館の二階にある敷舞台の松で、板はこの新門前の敷舞台として、昭和二十二(一九四七)年に舞台抜きをされたのでしたね(図6)。鏡板は何枚かに分けられるのですね。

幽雪　はい。それは分けられます。今の京都観世会館のも十枚くらいに分けられると思います。会館一階のロビーの端っこのテレビの横に衝立(図7)のようなものがあるでしょう。あの竹の絵は丸太町の舞台のじゃないんです。もう一つ前、夷川《えびすがわ》の能舞台のですね。松の部分は観世の家元のところに行ってて、向こうで焼けたんです。

丸太町の能楽堂は観世元義が大正九(一九二〇)年に建てたんです。(片山光子と)離縁した後です。やっぱり本願寺さんやらにも寄付を頼みに行ったような記録はありますけど、できたときのことは写真でしか知らないんです。

靴や草履は玄関で脱がないけません。そこでちょっとご祝儀を渡すと、靴や草履を別に置いてくれる。でも札を渡さないんです。別にしておいて、そのお客さんが出てきたら草履がちゃんと出てくる。それは特技でしたね、その下足番の人の。

そのころは火鉢の桝席というと桟敷で、一桝四人。前の金剛能楽堂の桝席より、ちょっと広かったんです。坪数も今の会館よりちょっと広かった。配膳さんという人がいて、その親玉が御祝儀をもらうと、早いこと火鉢を持っていったりしたんです。配膳さんは男性です。親玉に「いちすけ」という人がいました。お弁当持っていったりするんです。座布団も持ってくるんですけど、それが御祝儀によって早う来たり、火鉢が来たりするわけです。

図７　柳馬場夷川下ル片山能舞台竹絵

僕らは楽屋の弁当が楽しみで行ってたようなもんです。今考えたら何でもない、一番下がご飯でおかずが入ってる。お客さんもそれを注文するんです。仕出し屋さんは、すぐ前の三本木にあったらしかったです。能楽堂の北側です。

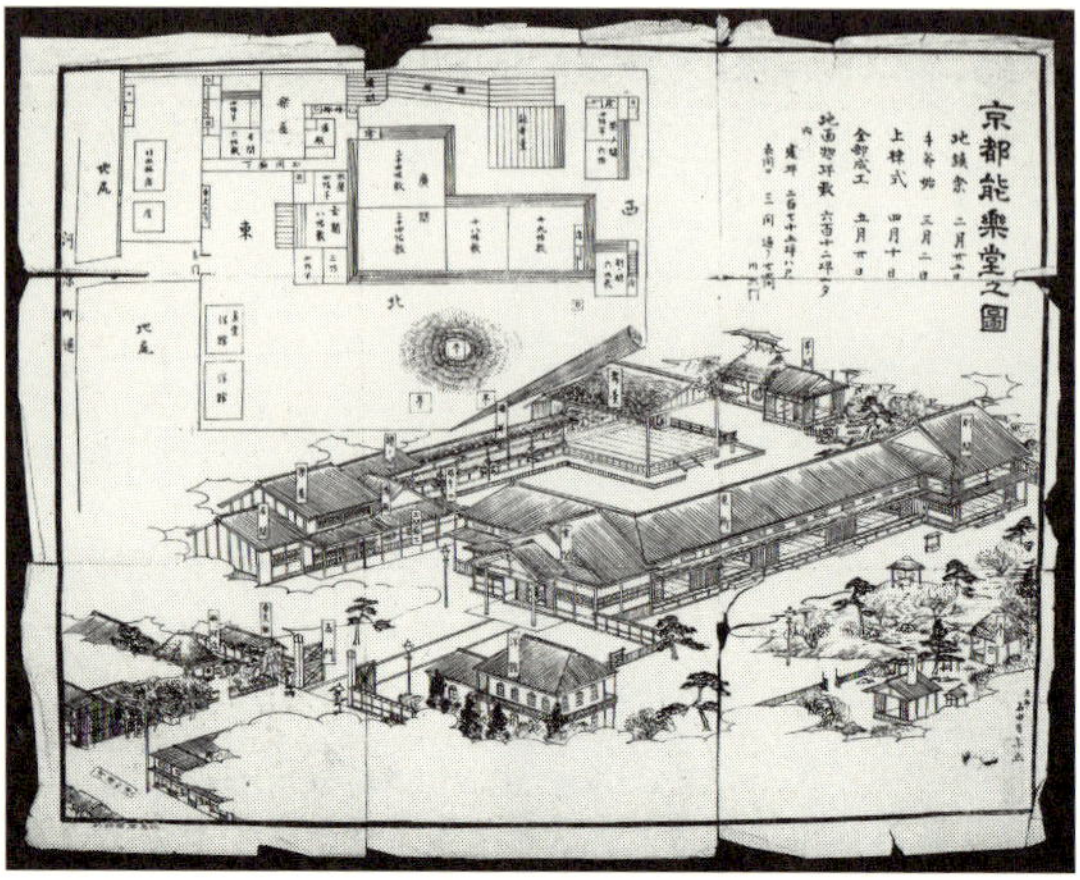

図8「京都能楽堂之図」

大谷　東京の能楽堂でも同じようにして火鉢が出てたんでしょうか。

幽雪　出てたんじゃないでしょうかね。戦前のことは僕ら知りませんけど。冷暖房が全然ないですから、それぞれの火鉢だけでしょう。四人に一つですからね。

宮辻　そのころ見所でご飯食べながら見るということはあったんですか。

幽雪　弁当が出てた、ということは、休憩時間があったりなんかして、食べてたんじゃないですか。客席が舞台に向いて、じっと見てるのは二時間が限度ですから。そういう意味でゆっくり気楽に。

　式能やったら、一日に翁付の五番仕立てで、しかも翁から切まで間に全部狂言が入るわけですから。式能は、後には二部制にして、通しで五番の式能になるというふうにしましたけど、初めはそうではなかったんです。僕が能楽協会の理事長してるとき、このままではお客さんが買うてくれないから、無理やないかということで、半分に分けて二部制に切り替えたんです。

丸太町の能楽堂は正面（と脇正面）前三列（と中正面の後ろに）椅子席がありました。これは後から作ったんやと思います（建築当初の写真図１・２は御簾席《みすせき》と桝席だけ）。いつごろに改修したのかはわかりませんけども。椅子席の方がいいというお客さんが出てきたんじゃないでしょうか。椅子席の背中に（謡本が置けるくらいの板が一枚通っていて、その下に）小さな銅の赤い火鉢がはまってるんです。そうすると、後ろの人が手をあてる。一番前はどうしてたんやろと思いますけども。御簾席が一番後ろにあり、一つ六人席でした。ゆったりしてたから六人以上は入れました。ちょうど一番端、一番ワキ柱に近い方の正面の一番後ろが、片山の席でした。おばあさんとか、母とかが必ず来てました。御簾席のところはちょっと高くなってるし、わからないですから、ゆっくり食事もお茶もお菓子も食べてたんじゃないでしょうか。僕もその御簾席に入って、見てるというより何かもらって食べてた（笑）。

大谷　私、学生のとき、大江能楽堂で玄関で靴を預けると、なんの間違いか、御簾席に案内されたことがあるんです。座って暫くすると、おいしいお菓子がお茶と共に運ばれてきて。どなたに間違われたのか、わからないまま終わったのですが（笑）、私も御簾席にはおいしくて、楽しい思い出が（笑）。

幽雪　丸太町の舞台は、僕が聞いてるのはね、最大詰め込んだら九百人入ったと。それはもう限度いっぱいに入れての話ですよ。今の京都観世会館が正式には四百七十四席です〈平成二十八（二〇一六）年改修し四百五十二席〉。丸太町で補助席という物があったのかなかったのかわかりません。中正面の後ろの御簾席は詰め込みができましたけどね。

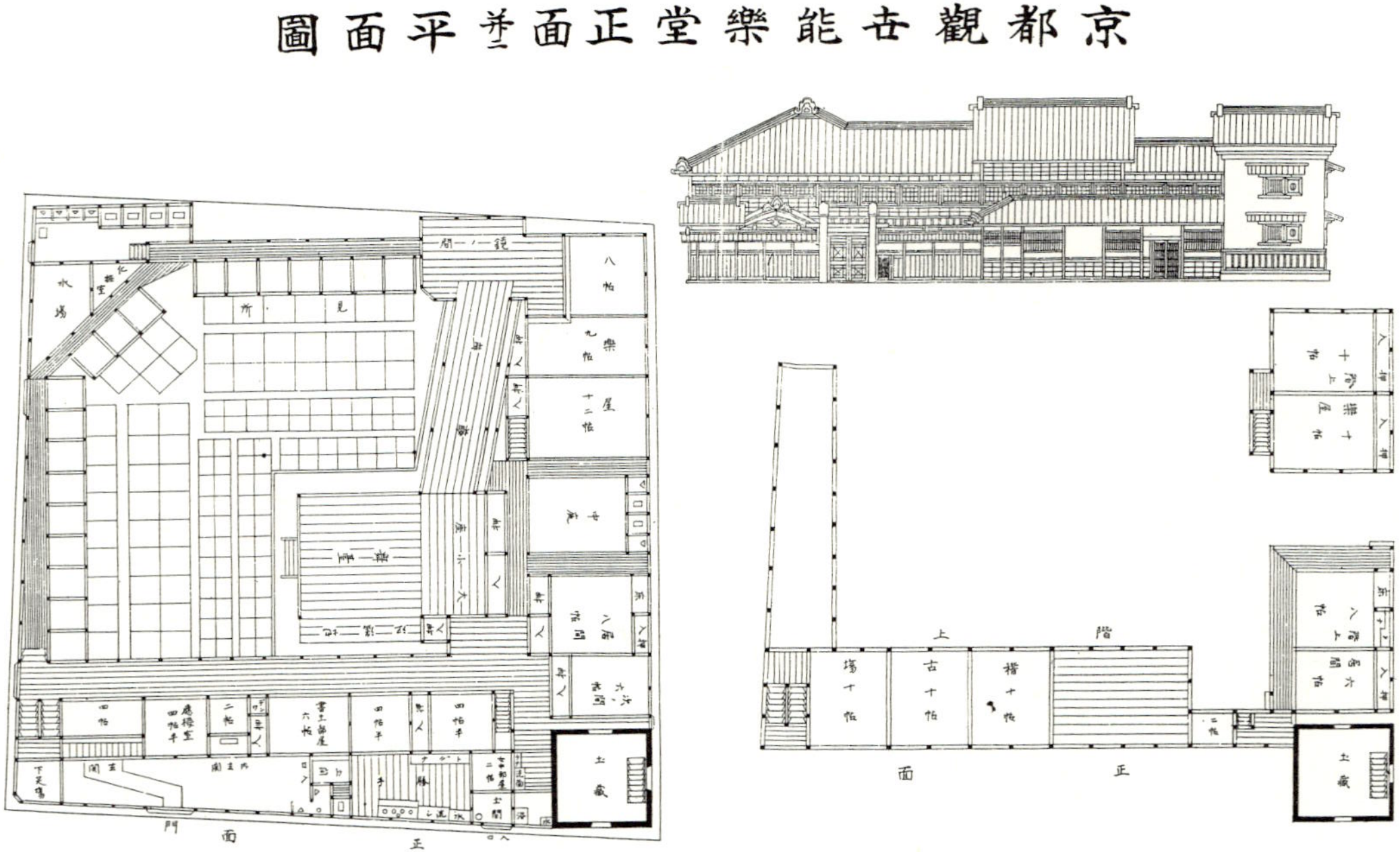

図 9 「京都観世能楽堂正面并ニ平面図」

肋膜炎で退校

幽雪　戦時中、僕らは高雄口の方におりましたし、うちの親父が一応、武智鉄二さん（演劇評論家、演出家。一九一二―八八）のお父さんの会社の事務所へ人事部長という肩書きで勤めていて、そこで専ら型付を書いていたそうです。武智さんのところでは当時、船を作っていたそうですね。それで徴兵逃れみたいな、まあ元々身体の弱い人でしたから、丙種か何かでしょうけどね。それでも最後には皆取られるんでしょうけども。

僕らは高雄口の家で、庭の池や何もかも潰して畑にして、芋など作ってました。私は割合そんなんは、上手と言ったらおかしいけども、やり出したら本格的に全部やるもんですから。

防空壕も作りました。京都に二発、爆弾が落ちましたでしょう。一つはうちのお寺の庫裏の横でした。それから後は空襲警報が鳴ると皆、防空壕へ入りました。入ってちょっと立って歩けるような広さでした。戦後、潰してしまいましたが。

戦争中も丸太町の舞台はやってたんです。四月に潰されるまで、灯りを黒い布で隠したりして。

大谷　断絃会の発足が昭和十九（一九四四）年ですものね。空襲警報発令の場合は解除一時間後に開始と書かれている番組を見たことがあります。丸太町の能楽堂がなくなってからも、五月、六月、七月の観世会例会は金剛能楽堂でなさってますね。そんな時局の中でも能の会を続けられたのは、強靱な志を感じます。

幽雪　空襲警報が鳴ったら、もう後へ続かへんですよねえ、気持ちが。お能の途中で中断されては。

親父さんは、とにかく舞いたい、と始終言うてました。僕は舞台に出るような年でもなかったですけども。肋膜炎になって学校やめたんですが、学校の先生から謡を続けなさいと言われて。それで家で親父さんに謡の稽古をしてもらったり。立ち稽古はほとんどできなかったですけどね。そのころ別に自分の将来のこととかはあんまり考えなかったんやけども、声変わりのころになってから、やっぱりこれやらんなんのかなとちょっと迷いました。けど、それもそんな長時間思い悩んでたというわけではないですね。自然にこのまま入っていったという。清司でもそうですけどね。

声変わりの時分にはやめたいとか思いましたが、親父は特に何も言いませんでした。親父も結核をやって東京で長いこと養生して、それで養生のために高雄口の家を作ったぐらいですから。僕が肋膜をやったときには、自分が結核をやってたからすごく怖かったんでしょうね。

子どものころ、音楽は苦手でした。能楽師の人はだいたい、昔の井上嘉介さん〔一八九八―一九五二。薗家〈京観世五軒家の一〉の弟子家である井上家の八世〕やらでも、先代の梅若六郎さんは別ですけども、歌を歌いはるとちょっと外れてたりとかしたらしいです。私も、今のカラオケが一番苦手でね、連れていかれると困ります。

大谷　でも、もう三十年ぐらい前ですかしら、ツトム・ヤマシタさんと一緒に舞台をなさったことがあるのですよね。

幽雪　はいはい、打楽器奏者の。

大谷　ヤマシタさんとご一緒になさったときのことを、観世流シテ方の青木道喜さんから以前伺いました。「先生は楽譜が読めないと思う。だけれどもあの太鼓に、なんであんなにトントンと絶妙の間で足拍子を踏めるのやろう、きっとすごく感覚的なものなんやと思う」って。音楽、リズムが体の中に備わっているのだということをおっしゃったのだと思います。

幽雪　いやいや、そんなもんはないんです。楽譜なんてもちろん読めませんけども（笑）。実際に聞かせてもらって、すぐに本番だったんですね。そやから何か型をつけてっていうので、そうしただけです。野外でした。ヤマシタさんとは京都で何回かやりました。ヤマシタさんが打たれる太鼓に合わせてなんでもええからということで。太鼓の決まりみたいなことがどっかにありますでしょう。それに自然に自分で合わせて型をやっていって、決まりのとこでとんと踏んだら向こうがなんかしはるというか。あっちが打ったはる中で拍子を踏みやすいとこで勝手に踏んでるというような形でしたけどね。

大谷　ジャズですね。美術や工作はお得意でいらしたとか。

幽雪　工作は好きやったんですよ。

大谷　作り物作りに生かしておられますね、『関寺』の短冊とか。

幽雪　作り物はやっぱり自分らでやるんです。作り物に白い布を巻きますね。それをほどいたら、包帯みたいに巻いてゆく。次にまた使えるように。そういうのは子どもの時分からよう手伝わされました。親父さんはそういうのは全然苦手で。だからみんな他の書生さんとか、先輩の青木祥二郎さん（一九一四—九九。片山家一門の筆頭格だった）とかが作ってるのを見てて、手伝って覚えていったんです。

とにかく何でもお能の関係のことは覚えなきゃならんと思ってますからね。

囃子の稽古

大谷　四拍子の稽古はいつごろから始められたのですか。

幽雪　囃子の稽古を始めたのは遅かったです。曽和(博朗)さん(一九二五―二〇一五、小鼓方幸流。人間国宝)のところへ稽古に行ったのが終戦で帰ってこられてからですし、十七、八くらいですか。一応四拍子は習ったんです。笛は杉市太郎さん(一八八九―一九七七、森田流)やったし。小鼓より先に習った大鼓は、もともとは谷口喜代三さん(一八九六―一九七八、石井流)のお兄さんの幸治郎さん(一九四七年没)、その方が亡くなってからは喜代三さんに習いました。幸治郎さんは大阪におられて、喜代三さんとはちょっと違った、むっくりした大鼓でしたね。その後、小鼓は大倉長十郎さん(一九二五―八五、小鼓方大倉流十五世宗家)に習いました。長十郎さんはこわかったですけどね。ここ(片山家)の二階で稽古してたんです。長十郎さんは、やさしい言い方で普通にしゃべってられたのが、非常に大声で怒られるという感じでした。

大谷　実は私、学生のころちょっとだけ鼓を教えていただいたことがあるんです。まもなくご病気になられてお亡くなりになったので、本当にちょっとの間《ま》なんですけど。大阪の朝陽会館がお稽古場でしたが、誘って下さった方に連れられて行きますと、私達素人には本当ににこやかに、こんなものかしらんという方にも「結構です」と大様でいらっしゃるんですけど、合い間に玄人のお弟子さんに稽古をつけておられるのを見てたら、それは人が変わったような厳しさでした。間違うたら張り扇をぼんぼんその方に投げておられました。張り扇がいっぱい畳の上に散らばるでしょう。お弟子さんはそれをまとめて返しにいかれるのです。そしたら、その束を受け取るなり、ばしーん！って、たたいてはりました。玄人と素人に対する姿勢がまるで違っていて、まあ、考えたら当たり前のことなんですけど、その歴然とした違いをまのあたりにしてこわいなあと思いました。

幽雪　私は逆に、教えているとき、お素人と玄人の区別なしにするのでこわかったみたいです(笑)。私も扇やっぱり投げるほうでした。お素人の人のときにもそういうのがあったんで、うちの母に「それはやめなさい、お素人の人にはもうちょっとやさしく稽古しなさい」と言われたことがあります。今はあんまり怒らないようになったつもりですけども。

太鼓は小寺金七さん(一八九九―一九七三、観世流)です。これは二十四、五くらいまでは習ってました。弟の慶次郎や元三郎は、前川宗閑さん(一八九三―一九七八、金春流)が高雄口からすぐのところにおられたんで、私よりも早く、割合小さいころから、そこへよう行ってましたけどね。

大谷　お父様はどうして弟さん達の方を先に、お囃子の稽古をおつけになったのですかしら。

幽雪　どういうわけでしたんでしょうかね、私よりも慶次郎やらの方が先にしてましたね。僕はどっちかというと大鼓が好きなんです。喜代三先生のお話が耳に入ってるさかいやけども。喜代三先生は「シテ方は皆、小鼓の謡を謡う」って言われてたんです。「大鼓を主体にして謡を謡うてくれへん」と、ようこぼしてられました。大鼓が第一拍を打ちますよね。小鼓はそれを受けて二拍から。その二拍から謡う人が多い、小鼓を稽古してる人が多いわけです。そやから大鼓の音がわかりにくい。それでどうしても二拍から。第一拍を無視してる謡、第二拍から始まるような謡。『羽衣』やったら「たーなびき」ってこうなるでしょ、「たなびき」から始まると、「た」はほっといて「なびきにけり久方」とこれで合うんですね、「たーなび」ていう一拍を無視して。大鼓ってのは奇数拍ですからね、奇数拍のリーダーは大鼓でしょ。その大鼓のところをやってる謡の人は多くないと。やっぱりどうしても小鼓を習って小鼓を上手に打たれる人はたくさんあるんですよ。乱能でも小鼓を上手に打たれる。そういう人はやっぱり、どうしても小鼓主体の謡になるでしょうね。

大谷　こうして幽雪さんの、本当に芯のある強い謡が作られていったのですね。

宮辻　小鼓の方で謡が始まっても、最後は合うんですか。

幽雪　それは結局第一拍が小さいだけで。それに今は昔よりみんなが賢くなってるし、テープもいろいろありますし。うちらの連中だと僕が文句を言うから、大鼓も聞きますけどね。大小が打てなくっても、それでもやっぱり謡の謡い方ってのはあると思いますね。

大谷　あるいはお父様もそうした深謀遠慮があって、幽雪さんには、まずとにかく謡を仕込むことを敢えてなさったのかもしれませんね。ところで、『姨捨《おばすて》』を披かれたときに、「今回の披きについては片山家という家の余徳だと考えている」「これ以上稽古をしていただくものはないということを自負し」と、型付にお書きになっています。本番前に納得のいくまで申し合わせを重ねることも含めて、御自分がとても恵まれた環境にあることを、敢えて書いていらっしゃる。

幽雪　『姨捨』のときも申し合わせの回数が多かったんですけど、『卒都婆小町』のときも申し合わせを何回もしたんです。そしたら当時、毎日新聞にいた山田庄一さん（元国立劇場理事、現歌舞伎・文楽演出家）に「そんだけ申し合わせせんとやれんか。それやったら他の者は誰も出来へんで」って言われました。確かに、他の人は五回も六回も申し合わせ出来へんのやから、なるほどなあとちょっと考えましたけどね。

大谷　あらゆる形での周囲からのプレッシャーは、恵まれていれば恵まれているほど相当なものだろうと想像しますが、でも、それを全部受け止めて、逆にこれをエネルギーに変換していく。その連続が片山家なんだろうなあと思いますね。まさに「継ぐをもて家とす」ですね。

幽雪　それは先生の買い被りですけどね。私はほんまにやめようと思ったのは、声変わりして、光子ばあさんに相当厳しい言い方で「アンタはヘタやな」とかそういうことを始終言われた高雄口にいたころです。ちょうど声変わりの時分で、形も様にならんかったのやと思います。それに皆の評判もあるわけですね。たまたま仕舞を舞うことがあると、ばあさんの言う通りアカンのですよね。そやから、その時分になんや能やらんならんのかいな、と思ったことが一回ありますわ。あんまり「ヘタ、ヘタ」って言われて、こんだけ言われんのは厭やな、やめたほうがいいのかな、何となしにこれはもうアカンの違うかなという感じを持ったんでしょう。一カ月ぐらいですが。

大谷　光子おばあさまという方も、下手やと言ったらきっと奮起すると見込んでおっしゃってたんでしょうね。

幽雪　さあどうでしょうね。そのころ、高雄口の家で謡を稽古し出したら、座布団を積み上げた上に座ってる猫がきまって「ニャン」と鳴いて、「やめろ」とでもいうように、前足を上から下へ動かしました（笑）。

銕之丞家へ二十七年間、稽古に通う

幽雪　観世華雪先生（一八八四―一九五九。観世銕之丞《てつのじょう》家六世）のところへ稽古に行かれたきっかけはね、（観世）静夫さん（一九三一―二〇〇〇。八世観世銕之亟）と、近藤乾之助（一九二八―二〇一五。シテ方宝生流）さんと、先代の家元と三人が京都へ遊びに来て、ここ（片山家）へ泊まったとき、静夫さんが祖父の華雪先生が指導している火曜日の稽古能とかの話をしてて、それを聞いて羨ましかったんです。誰の稽古であろうと、その場に居る者に「代わりにやってみろ」と声がかかり、「知りません」では済まされない、と聞きました。東京・世田谷の銕之丞家の多摩川能舞台で、宝生流の稽古も一緒にやってたんですね。で、それを見に行きました。一番びっくりしたのは、笛座の方を向いてる役者を見所側から見てられる野口兼資《かねすけ》先生が、「視線が違う」って言われたことです。一体どこから見えるのやろうと、不思議に思いました。このとき、お稽古能にもほんまのちょっとだけですけど一緒に参加させてもらいました。

それで親父さんに、「華雪先生に教えていただけるよう、取り計らってください」と頼んだんです。最初華雪先生は了承してくださり、昭和二十三（一九四八）年から稽古をしていただきに行きました。

は『東北』でした。

新幹線はまだありません。毎月一回、夜十一時ごろ京都発の夜行で行って朝早う東京へ着くんです。そこで九時半ごろから稽古して、お昼前に済みます。その晩は渋谷の観世流宗家に泊めていただき、翌朝もう一回多摩川へ、でしばらく時間を過ごして渋谷へ出て、東横線で多摩川へ行くわけですよ。そこで九時半ごろから稽古して、お昼前に済みます。その晩は渋谷の観世流宗家に泊めていただき、翌朝もう一回多摩川へ、別の曲の稽古に行くわけです。だから月に二番。二十七年通いました。仮に正月と夏は行かへんとしても、十カ月二十七年行ってたら全曲済んでんならんはずですよね。ところが、そうはいってへんのです。同じ曲を習ったりいろんなことしてたんやと思いますけども。でも、これが、「これほど稽古したものはない」という自負につながったと思います。夜行で行って翌日、もう一回違うものを稽古するという、自分の今の体力考えたらとてもやないですけど。若い時分は早う覚えられるんですね。それでも忘れるんですけどね。結局若いころに何回も何回もやったものは、比較的今でも、謡も覚えてますけど、あとの方で覚えたものはやっぱり早く忘れます。

能の初めからシテのところをずっとやって、最後に済んでから、「ここはこう」って華雪先生が全部言われるわけです。雅雪先生も同じやり方でした。私らでもあんまり途中で止めるってことしませんけど。一番通して、後でみんな注意する。初めのころは華雪先生が自分で謡ってくださるときもありました。

とにかく一曲を通して覚える場なので、型だけじゃなしに謡を直されることも多かったです。それでも、片山の息子っていうので、華雪先生でも雅雪先生でも、向こうの玄人弟子みたいな言い方はしはらへんのです。比較的ていねいに事細かに教えていただいていたみたいです。あんまり叱られたことはありません。華雪先生は私が十代のころ、伏見稲荷の奉納に来られて、確か『井筒』をなさいました。立ち見で拝見したのを覚えています。

『道成寺』までは華雪先生、以後は雅雪先生が「私でよければ」とおっしゃってくださったので「よろしくお願いいたします」と、お頼みしました。雅雪先生になってからは、地謡は長兄の寿夫さんとか、静夫さん。他の人がいたら、その人たちが謡ってくれました。

『道成寺』のときは父が「サラから行け。型付も何も見ていくな」と言うので、謡の稽古もせずに行ったら、いきなり「お舞いください」と言われたので、それは勘弁してもろうて謡の稽古から始めたんです。

華雪先生は、普段は非常に静かな方でした。言葉遣いも丁寧で、稽古が済んでからも「これはいけませんよ」とか「こうなさった方がいいんじゃないでしょうか」というような話し方でした。直門の方にはもう少し厳しい言い方やったんかもしれませんけど、華雪先生が怒鳴っておられるのは聞いたことがないですね。趣味で設計図もひかれると聞きました。だから型付もきっちり細かく書かれていたと思います。僕はあまり拝見したことはありませんが。

寿夫さんの能はいつも感心して見ているだけでした。ああいうふうにはいかんな、と。普段は僕らには静かな人でしたね。寿夫さんが亡くなられたときはショックでしたね。

僕は静夫さんと同じ年やさかいに、つい一緒に居ることが多かったですね。一日目の稽古が終わってから静夫さんと、そんなにお金があるわけでもないから六本木あたりへ出て、昼食に安い中華の店でチャーハン食べるとかしていました。静夫さんは稽古ではよう地謡を謡うてはった。昼御飯を一緒に食べながら、静夫さんが「お前、能をたくさん習ってるな」って言うので、僕が「あんたは必ず立ち合ってるんだから全部見てる。あんたの方がようけ知ってる」っていうような話をしてました。静夫さんは、華雪先生のお供で関西に来たときなど、ここへも遊びに来ていました(図10)。

図10　片山博太郎(後列左端)，片山慶次郎(同右端)，観世寿夫(前列右端)，観世静夫(同左端)(1953年ごろ)

稽古に行き始めたときはもう、栄夫《ひでお》さんは喜多流に行っておられました。華雪先生によく稽古をつけられていたようできっちりしておられて、栄夫さんの『半蔀《はじとみ》』を見て、きれいやと思いました。寿夫さんの最後の仕事、というと変ですが、寿夫さんは栄夫さんを観世に戻すことに懸命になっておられましたね。三兄弟ともお酒は強かったですね。

『弱法師』の半眼

宮辻　雅雪先生に教えられたことは、たとえば……。

図 11　『弱法師』の所作を説明する幽雪氏

幽雪　三十歳代のころ、『弱法師』のときに、目を開いて稽古してたら、雅雪先生に「目を瞑《つむ》りなさい」と言われました。「でないと陽になる。それにこれは盲目のお話やから、目を開いてたんではいけない。面をかけてても半眼でやって、心で舞いなさい」と、言われました。なかなか難しいことです。三十ぐらいのときです。だから、『弱法師』のときは面をかけても半眼でしてます。全部瞑ってしまうとよろけますけどもね。微かに下が見える。

大谷　では『景清』『蝉丸』のときもそうなさるんですね。

幽雪　そうです。

大谷　心で舞いなさいという教えは、目で見るんではなくて、景色を心で見て、ということなんでしょうか。

幽雪　そうですね。どの曲もそういうことなんでしょうね。たまたま『弱法師』でそうおっしゃったけれども、どの曲もやっぱり、型だけやるんやなしに、ちゃんとその役の心を持って、ということでしょう。

謡い方

幽雪　寿夫さんが宝生流の野口兼資先生に憧れた時期がありましたが、私も謡い方を強めに変えていこう、と思った時期が三十代にありました。ふわっと謡うてるんやなしに意識を変えていこう、としてたら、親父が私の家内に「(僕に)何か言うたんか。謡い方が違うてきている」と聞いたらしい。自然にそうなってたんでしょうね。

大谷　先日、西本願寺の能舞台で幽雪さんの『砧《きぬた》』の仕舞を拝見して、シテの謡に、声に説得力があるというか、能を支える謡だなあ、と改めて思いました。ベースは華雪師の謡なんですね。「調子を下に付けて声を張る」という、二律背反の教えを実現させておられる謡だと思ったのです。それは、たとえば、野口兼資に憧れて、意識的に自分を変え続けられた賜物なのですね。

幽雪　野口先生に憧れた時期もありますし、(桜間)弓川《きゅうせん》先生(シテ方金春流)のよさに惹かれたこともあります。『井筒』の「見れば懐かしや」で、井筒の前で弓川先生はくるりと回られます。それが真似したかったり。『葵上』では、中入りで装束を脱ぐ際、袖に手を入れられて、懐手をしたままもう一回、強く葵上を見込まれ、それから唐織を被《かず》かれるんです。僕は身長も低いので、仕掛けを作ってすぐ脱げるようにしているんですけど、どうしても弓川さんのようにしてみたいと思い、真似をしようとしたら、母に「そんなにそっちが好きなら、流儀をお変わり」と言われました(笑)。どうしてもその時代時代の頂点に居られる方の真似をしてゆくことに自然になっていきます。

大谷　今、頂点に居られるのは御自身ですが、現在はどうやって御自身を変えてゆかれるのですか。

幽雪　いやいや。変えていくというより、一所懸命やることだけで精一杯ですし。それなりに自分でやれる型を考えてはいきますが。先日、お素人の『隅田川』の後見をしていて、こういう能をもう一回やりたいな、と思いました。もう体力的に出来ない能がいっぱいあるでしょう。若い人のを見てて羨ましいと思うこともあります。

歌仙会

幽雪　青山では、毎週火曜日に稽古能をしておりました。また夏に一回、朝の七時ごろから夕方の六時ごろまで、歌仙会という舞囃子の稽古会がありました。僕が行ってたころ、曲目を知らせてもらうのは当日なんです。舞を舞う人は決まってるんですが、その他の者は、先に地謡の場所に座った者が、その曲の地謡を出来るんですね。三十六歌仙にちなんで三十六番、そのうちの何番かには出んならんわけです。ところが三十六番やから、近い曲も出てるし、非常に遠い曲も出ている。地割(地謡のメンバー構成)は発表されてませんから、知ってる曲のときに早く行って座らんと、取り残されたら、後でとんでもない曲に当たるんで(笑)。舞囃子ですから地謡五、六人が限度でしょう。そやから、知ってる曲のときにすぐ地謡に座るわけです。知らん曲に当たったら、口をパクパク(笑)。今も青山で歌仙会をやっておられますが、誰が何の曲を担当するかは事前に決まってるみたいです。この歌仙会は華雪先生のころからありました。その前はあったかどうか知りません。以前は、観世会の定期能の地割も、張り出されるのは当日でした。今はひと月前に決まってますけど。

大谷　昔の刷番組に地謡が載ってないのは、決まってなかったからということもあるのですね。

東西の囃子

幽雪　東西の違いで、一番問題は笛ですね。京都には森田流しかないわけです。今は名古屋の藤田六郎兵衛さん（笛方藤田流十一世宗家。一九五三―）が時々見えますけども。僕らの子どものころには春《しゅん》日《にち》流ってありました。十二世宗家の春日市右衛門さんと養嗣子の又三郎さんが同じ年に亡くなられて（一九四七年）、廃絶しました。そのあとは森田流ばっかりで稽古してました。

東京へ稽古に行って一番困ったのは、お能のときに、楽とか流儀が違うと盤渉の笛の唱歌が変わってしまうことなんです。東京の一噌《いっそう》流は、殊に三段前の唱歌が言いにくいんです。

僕はいつも唱歌を自分で言えなければダメだと言うてるんです。テープかけてもらって舞うというんではなく、舞うときは自分で謡えて、唱歌も自分で言えないとダメです。若いころ、華雪先生の時分、『天鼓』の稽古のとき、一噌流で盤渉をやりました。しょうがないから、こちらはお腹の中で森田流の唱歌を言うて舞いました。「よく覚えましたね」って言われて、冷や汗かきましたけどね。こっちは森田流の唱歌で拍子踏んでたんですから。それ以後は必死で一噌流の唱歌を覚えました。他はそんなに違うわけではないんですけどね。逆に東京の方は、あちらは森田流が少なかったので、関西へ来られると、森田流で困っておられました。今みたいにテープがあるわけではないですからね。でもね、テープやビデオっていうのは、本当に型を見るだけですね。ビデオで見ても臨場感というのが全くないですからね。型を見るのには便利なのかもわかりませんけど。

速さの違い

幽雪　速さも東西で違いますね。たとえば京都の花街の芸妓さんたちの地歌は、のんびりやってる感じというか。江戸の人から言えば辛気臭い。今でも関西の方がちょっと、殊に京都のは、ゆっくりしてるんですかね。野村萬さんは僕に、「あなたは東京へ来ると、「何か速い、速い」と言ってたね」と言われるんですけど、「何で東京はこんなに速いの」って思てました。僕も東京で習ったんですけども、今も東京は何でもさらっとしてるというか、すかっとしてるというか。こっちは、もっさりしてるんですかね。とにかく長唄にしたって、江戸の人がやらはるのと、花街の芸妓さんがやるのと、同じ曲でもちょっと違うでしょ。やっぱりそういう風土っていうのもあるんでしょうね。

大谷　囃子は特にそう感じますね。

幽雪　手などなかなかよく利く、いわゆる上手な人達が東京には多いわけですよ。でも、関西の大鼓では谷口喜代三先生なんかは相当打ち込みが速いことできた人ですよね。ああいう方が今はなかなか。

点数

幽雪　大阪の大槻能楽堂で、僕は『清経』、寿夫さんが『葵上』を舞ったことがあります。昭和二十三(一九四八)年五月十七日で、どういうわけか、点数を入れることになってたんです。採点者は誰でしたかな。沼艸雨さん(能楽評論家。一九〇六―九二)や北岸佑吉さん(古典芸能評論家)らだったかもしれません。とにかく私の『清経』は六十五点、寿夫さんは「(初世梅若)万三郎の再来」とか言われていて、もちろん百点満点ですよね。それはきれいな声でしたね。寿夫さんは僕の五つ上で目標の一人でした。

大谷　その採点のある会というのは、どこが主催したのですか。

幽雪　武智鉄二さんが組織していた断絃会主催でした。雑誌『観世』に写真が載りましたけど、それを見てもええ格好ではなかったですからねえ。六十五点つけられてもしゃあない。僕が満十七歳のときです。そのころの僕は頼りなかったと思いますよ。採点は当日やったと思います。以後はそんなことはないですね。

真交会と離見会

幽雪　東京の銕之丞家へ通い始めて二年ほど経ったころ、勉強会である「真交会」を始めました。二十歳の年です。僕と先代家元の観世左近元正さん、静夫(八世銕之亟)さん、それに宝生流の近藤乾之助さんの四人で話していて、「真剣に勉強する会をやろうじゃないか」という話が出たのがきっかけです。ただ近藤さんは「流儀が違うから」と遠慮されたので、他の三人で、京都へ来たときに会をやろうと決まりました。第一回は昭和二十五(一九五〇)年三月二十五日、金剛能楽堂で井上嘉久さんの『巻絹』、先代家元の『田村』、静夫さんの『羽衣』、私が『鵺《ぬえ》』でした。技術的に私より静夫さんの方がずっとしっかりしていたでしょう。先代家元と静夫さん、私と同い年なんですね。東京でもやったんです。僕は『東北』か何かでした。「真交会」は五、六回は続いたと思います。

それが昭和二十九(一九五四)年、私が二十四歳のとき、発展的に解消して「離見会」というのに衣替えしました。弟の慶次郎がいて、その下の元三郎が修業に行っていた東京から戻ってきたでしょう。それで今度は片山家だけですることになったんです。地謡は静夫さんにずっと来てもらってましたけども。慶次郎と元三郎に一番ずつ付けることにしました。「離見会」という名前をつけてくれたのは親父です。第一回は昭和二十九年十一月二十三日、金剛能楽堂でした。番組は、最初に慶次郎の舞囃子『高砂』があり、私の『自然居士』、親父さんの『井筒』、先々代銕之丞(雅雪)先生の『景清』、寿夫さんと静夫さんの『石橋(師資十二段之式)』でした。元三郎はこのときは出ていませんでした。これは年に一回で七、八年続いたと思います。このときでしたか、『自然居士』で狂言方との問答など観世流の謡本のままでは今の狂言と合わへんので、そんな箇所を変えたりして、やりました。離見会はだんだん慶次郎や元三郎の方を主にしていくようにしていきました。

片山の稽古能

幽雪　僕は銕之丞家の真似をして、二十四、五ぐらいのとき、月に三回程度、水曜日に稽古能を始めました。今も続いています。始めたのは自分のためでもあったんですけど、清司(現九郎右衛門)を育てるためということもひとつはあったんです。それが皆忙しゅうなって、若い人が来ないんで、なかなか出来へんのですけど。

大谷　始められたころは、どういうメンバーでらしたのですか。

幽雪　囃子方の谷口勝三さん(一九〇五―八〇。石井流大鼓方)が監督みたいな形でした。曽和博朗先生の方が若かったですから。他に小寺俊三さん(一九一八―二〇〇七。観世流太鼓方)とか、森田光春さん(一九一六―九二。森田流笛方)、光田洋一さん(一九三四―。森田流笛方)。そういう方々ですね。朝九時からだいたい二番やりました。初めの稽古能は親父さんと勝三さんに、「監督してください」とお願いして始めました。

大谷　最初は、二番ともご自身が舞われたのですか。

幽雪　いや、僕だけじゃなしに、片山一門の他の人もいます。

なかなか皆が集まりにくいですけど、できたら、最低でも月に二回はしたいです。こないだも九郎右衛門にそう言うてたんです。ただ、稽古能の曲目が、やらんならんものをつけてくるっていう形になってきています。まあ僕らが始めたときには、順番にこう、先に『東北』から習って『羽衣』『田村』とかそういうふうにしていったわけです。難しいものにはまだ手が届かないさかいに。今の人たちはそれぞれ差し迫った舞台があるわけですね。それでもっと難しいのやってるわけですけども。そやから今の形は、若い人が何か役が付いたから稽古してほしいと言うてくる、で、稽古してやって、それから稽古能にかけて、それから申し合わせがあって、本番。うちの連中はそうやって本番を迎えてるのが、今までは多かった。よそは皆さん申し合わせ一回して本番というのが多いですから、そういう点はありがたいって今の人も言いますけども。とにかく僕は、べつに役がなくてもいいんやと、ひとつずつ積み重ねて順番に、やってへんもんをしていこうと言うて。今年になってからは、役はないんやけどもこれを稽古能でやらしてくださいっていうてきた者もありますしね。

こないだ僕が『関寺小町』をやってから、岐阜でお素人の人に『関寺』の素謡をやらして、それからあちこちで『関寺』が素人会で出るようになった。そしたら、そのお素人を教えている先生である能役者にまず稽古せんなりません。『関寺』の謡を一番、僕が謡うて、その人がやる。こないだから青木道喜ら四人ぐらいいたんです。九時半から午前中いっぱいかかります。とにかく『関寺』の謡を僕が聞いてる範囲で教えるからと。宗家の朱が入った謡本と、雅雪先生が持ってられた本を僕が写させてもらった本と、その両方の本で、みんなに教えています。全部書いて渡してます。これ、手間がかかるんです。たくさんありますからね。一人ずつ稽古したんです。でも、僕は皆に伝えたいから教えてるんやから、それで御礼には来たりしないでくれと、あんたたちが伝えてくれたらそれで僕はいいんやからって言ってます。

大谷　この稽古能は非公開なのですね。

幽雪　そうです。京都観世会館が空いてるときは会館でやります。初めはここ（片山家）でやってました。会館ができてからはなるべく会館の舞台で、午前九時からやってます。

大谷　私が学生のころ、河村能舞台では、どのくらいの間隔でしたかしら、隔月だったのでしょうか、稽古能をなさってて、遠い曲もよく出ていたのです。特に宣伝しておられたわけではなかったと思いますが、内々に公開しておられて、小さな葉書大の番組が定期的に河村能楽堂に置いてあるのを見て、よく見に行ってました。私は学生のころに、遠い曲はだいたい河村能舞台でこうして見ています。それは本当に有り難いことでした。研鑽のためにしておられたのでしょうが、同時に見所も育てておられたのだと思います。

幽雪　河村禎二さん（一九二三―二〇一〇）ですね。長男の和重君やらがそれを受け継いでいるわけですね。そういう意味では向こうは割合、古い、遠い曲をよく覚えてますわね。

若い人が忙しいのは結構やけども、一つの曲に対して稽古に費やす時間が少ないですね。九郎右衛門でも『姨捨』の稽古っていうのは私、何回かしましたけども、まだやっぱり。『姨捨』にかかる、ぎりぎりまで忙しいわけでしょ。今一番忙しい年頃でしょうしね。僕らが『姨捨』やった時分とちょっと忙しさが違うさかいに。一つずつ組み立てていく時間ていうのが……。

この間、『景清』を稽古能でしたんです。ＤＶＤで覚えたという。「さてまた浦は荒磯に」っていうところは、柱をつかむ。柱だから誰にでも見えているけども、その前の、雪が降ってきて左の方向くのは、ちょっと地謡座に近い方まで向くんですよ。ところがＤＶＤを見てるだけやと、そこまで向いているように見えない。僕にしたらもうひとつ左向いてるはずなんやけども、ＤＶＤでは、そこまではわからへんわけです。型付には、地謡座に近い方まで向く、と書いてあります。そやから、先人が書いたもの――型付を読みなさい、と言うてるのです。画像は型を覚えるのにはいいのだけども、それではちょっと……。だからやっぱり、型付を良く読みなさい、と。『檜垣』をこれだけ積み上げてこしらえたとしても、画像で見たら画像に映っているだけしかわかりませんでしょ。

大谷 今、組み立てていく時間という言葉をお使いになりましたが、やっぱり、舞台を組み立てられるわけですね。それを幽雪さんは、最初に文字から、先人の残された付けから始められるのですね。それは意外でした。教わった型から入られるのだろうと思ってましたら、読むところからお入りになるわけですね。付けを読むことが大事だと。

幽雪 そうですね。僕はやっぱりそういうものを見て行って、この間も、ちょっと特例ですけども、『檜垣』を掘り起こしていって、作っていったんです。そこまでせんでもいいですけど、ある程度のものをやっぱり読んで、そして作っていかんと。やっぱり画像で見て行くというのは僕はちょっと気に入らんのです、なんかね。どうしても若い人がみんなそういう形になってしまうのは、どうも。全部書かれてるわけやないんやけども、書き足らんところは自分で、型付に載ってないとこは自分で考えんなりませんでしょ。

大谷 そこですね。書き物には全てが書かれているわけではない。読む者がそれを補う。組み立てるという作業がそこで行われるわけですね。謡本と型付を読むことを一番大事にしていらっしゃるから、ご自身の深いところに大事な何かが沈殿した舞台が立ち上がるのでしょうね。舞台を組み立てる、いい言葉ですね。

幽雪　型付はよく読みなさい、とよく言うんです。よう読み込まないと、間違いを起こす、と。若いころは、替の型とか違うことをいっぱいやりたいんです。親父さんは「あれとこれとを一緒くたにしてやるのはいけない」と言うてました。確かに、一貫性がなくなるでしょう。あっちの型、こっちの型と一緒にしてしまうと。しかし、実際には親父さんは、あっちのもこっちのも一緒くたにしてやってましたけどね(笑)。

九世九郎右衛門を襲名

幽雪　僕はね、襲名披露は何もしてないんです。清司の『道成寺』の披きが済んだ、その楽屋で、「今日から「九郎右衛門」名乗るわな」と、突然、私が言い出した。まず清司に言うて、次に慶次郎に言うて、元三郎に言うたら、元三郎が「そんなこと聞いてへん」と(笑)。しかし、誰にも言うてたわけやなかったんです。それが昭和六十(一九八五)年三月二十一日です。父の二十三回忌追善能でした。「九郎右衛門」をいつか継がんならん、というのは始終、頭の中にあったんです。清司が『道成寺』まで済んだし、これで一区切り付いたかな、という気がふっとしたんやと思います。「継いでおこ」と、ふっと思って、ふっと言うたんで、みんなびっくりしたんでしょう。もうちょっと大事に伝えないと、いかんかったんでしょうが。

第二章　京都観世会館

父博通が奔走

幽雪　建設のことはね、親父さんが一所懸命、母と一緒に財界やらへ回っておりました。自分の代で舞台を無くしたので、自分の代になんとか作りたいと、それは始終言うておりました。その気持ちが一番大きかったと思います。

最初は場所をどこにするか、随分悩んでいました。知恩院さんの山門の前にちょっとした広場がありますね。そんなところとか、それから三井さんのおうちとか。今の「ANAクラウンプラザホテル京都」ですか。二条城の東側の。あの辺に三井さんのおうちが何軒かありました。それも候補の一つで、いろんな候補地を(約三十カ所)あっちこっち探してて、最後に今の岡崎ということになったんです。

ただ、親父さんが一所懸命やってるもんですから、「(観世流のではなく)片山の能楽堂を作るんじゃないか」と思われ、そういう反発もちょっとありました。「皆の会館を作るんや」ときちんと説明してたんですが、前の丸太町の観世能楽堂は、片山家が所有する舞台でしたからね。

図 12　京都観世会館

最初に片山会という講を作ったんです。とにかくその講でお金を集めていって、それが元々の資金みたいになりました。主にうちのお弟子さん達とか、他にはよそのちょっと有力なお弟子さん達にお願いして講に入ってもらいました。その集まったお金を基金にして、岡崎の土地を買う元のお金になったんですね。今考えたら嘘みたいですけど、当時、坪が一万円ですか。昭和三十一、二年ごろ、京都観世会館が出来る一、二年前です。三百五、六十坪ありました。

こうして片山会のお金を元にして岡崎の土地を買って、皆で作ろうということになりました。皆の観世会館であるということを認識してもらって。それからうちの青木祥二郎さんあたりが一番、一所懸命働いて。もちろん親父があっちこっち、いろんなところへ回っていきました。僕が聞いてるのでは、玄関で押し売りのように言われて何も戴けなかったところもあったとか。どっちかというと、母の力が多大やったと思うんですけど、母と一緒に行っても門前払いのようなところも沢山あったらしいです。随分あっちこっちお願いして、建設委員長を務めてくださったのが坂内《ばんない》義雄さん（一八九一―一九六〇。関西電力取締役などを経て、そごう百貨店社長。当時京都商工会議所顧問）でした。だからいまだに僕は坂内さんのところへ盆暮れは御挨拶に行ってます。

岡崎のあのあたりはＦさんの土地でした。美術館やらはもう建ってました。あの辺を文化ゾーンにしようという考えが、京都市にはあったと思います。そやから文化的な場所としては一番いいんやないかと。それにしても、市が京都を文化の土地って言うんやったら、能をもっと応援してくださいって言いたいです。それに、もうちょっと京都観世会館前の通りを、夜、明るうしてもらえませんか、と言うてるんですけどねえ。神宮道は明るいけど。

流儀の債券を発行

幽雪　設資金は、当初、二千万円ぐらい集めようって言うてたのが、四千万円要るということになって、その四千万円が結局八千万円になったんです。足りない分は初め寄付を集め、株式会社を作りました。それでもまだ足りない分は流儀の流債を発行して、それで賄いました。株式会社で二千万円集まり、流債は一千万くらいじゃないですかね。銀行からの借り入れもありました。建ててる間に冷暖房の問題も入ってくるし。やっぱり、ちょっとでもよくしようっていう気持ちがあるさかいに、つい上がっていくという形やったんやと思います。

昭和三十三（一九五八）年三月二十五日、落成式を迎えました。その夜、親父さんは、母の手を握って「お母ちゃんありがとう」て言うてたのを覚えてます。それはもう泣きながら言うてました（父九郎右衛門は落成の日に、名を「九郎右衛門」から「博通」に戻した。「もう苦労〈九郎〉せんように」と)。

冷暖房の装置は、完成してから入れました。慣れんことはいっぱいあったと思います。たとえば、勤めてる人の給料が上がるとか。私もそういうことが分かれへん。給料の問題は一番わからへんことやったんで、引き継いで私の代になってから、私のお弟子さん達でそういうのに明るい人に、今だいたい普通の民間の会社で、どのくらいの給料で、どのくらいの賞与で、どのくらいのベースアップをしてるのか、教えてもらいながら覚えていったんです。

借金を全部返済するのに大分かかりました。親父が亡くなったときもまだ残ってました。昭和四十九(一九七四)年に完済し、十二月二十二日に「返済謝恩能」を催しました。

舞台板張り替え

幽雪　最初の舞台板は台湾製でしたので、できあがった直後から、具合が悪いなあ、と思てたんです。父も、木曽の檜がいい、と言うてたと思いますけども、建設会社が手配をしたんです。ちょっと薄かったですし、後から板を張り直したときに、下の造作が、ぎしぎし鳴ったりして、よくないところがあったと思います。見えないところがね。

舞台の板を仕替えようと、私はすぐに思いました。板の仕替えは父は考えてなかったと思います。しかし私は、歩くと、ギシッていう音がしてたので、これは板が具合悪いのか、下の具合が悪いのか、と思いまして、それで舞台の構造も調べたんですが、とにかく板を手配せなあかん、と思いました。

親父が亡くなるなり、すぐに東京へ行ったんです。張り替え用の板を手に入れるため、全く一人で営林署へ行ったんですよね。そうしたら「ちょうどええとこへ来た。今日は全国の営林署の所長が皆寄ってる」と。全く偶然でした。「中津川の営林署のところへ行ったらいい」と教えていただいて、そこへ行ったら、これだけの板を張り替えるのには「百石」の木が要る、ということを聞きました。百石って言われても私らにはピンと来ませんでしたが〈一石とは木材の単位で約〇・二八立方メートル〉。とにかく四十センチぐらいの幅の板を作るのに、最低八十センチの直径がないといけない、という。それが丸太で十四本いるというんです。丸太の一番細いところで五十センチはないとだめや、と。能舞台が三間四方って言ったって両端落とすとしたら四間いる。それが十四本ですから相当の量ですよね。それをなんとか払い下げてもらえませんでしょうか、ということで、結局、営林署からその日のうちに伐採許可をいただきました。偶然、運がよかったのやと思いますし、営林署を紹介してくださった人も力があった人かもわかりませんけどね。全く偶然でした。板が欲しい、という一心でした。

伐採してもらっても、今度は山の人達に、営林署が横流ししてる、と思われて困りました。なるべくええ木ばかり、十四本も選んで切ってるわけですよね。それをどっかへ横流ししてると……。そうじゃないんやと言うて、早く下ろしてくれ、とお願いしました。とにかく山の人達はわかってくれたんですけど。

で、山から下ろしてもらって、どうしたらいいのかって訊いたら、水中貯木法っていうのがあったんですよね。湖などでちょっとボートやら和船を留めるのに杭がありますね。ああいう杭が途中で腐ってる、それは空気に触れるさかいに。で水の中の部分は腐ってへんのです。そやから空気に触れないでちゃんと沈めてしまえばそれは腐らない、と。で、白鳥《しろとり》貯木場〈名古屋市熱田区。現在は公園などになっており、貯木場は存在しない〉って、江戸時代の慶長十五(一六一〇)年、名古屋城を作る際に設けられたのが始まりという、そこへ沈めました。割合名古屋駅から近いんです。干満の差が三パーセントほどあるらしいです。もっとも、最初そこで水中貯木したいと言ったら、「このごろは山から切り出したらその日に板になるから、そんなことしたことない」と言われました。それで、筏に組む費用と、上に載せる重石の費用、これを計算しはって、一年間契約した。で、毎年それを更新して、三年間、貯木しました。で、それを岐阜まで持って行って、木のことをよく知ってる人の所で製材してもらいました。板にしてもらうのにずっと立ち会うたんです。岐阜は私、稽古に行ってたので、製材所を知っている人が居たんです。

そこで一本ずつ板にしていきました。一寸五分の厚さです。ただ、一寸五分では厚すぎるのです。実際に舞台で舞う者にとっては。今の会館のは一寸三分です。だから後で削ることを考えていたんです。それ以前のは九分ぐらいしかなかった。一寸でも、ちょっと薄いなあと思う。どうしてそういうことがわかっていたかと言うと、足の感覚ですけどね。一寸三分くらいが一番ええやろな、と僕は自分でそう思って、一寸五分で削っていったら丁度そのぐらいになるだろうと、思ってたんです。

板にするときに、今考えたら勿体なかったなあと思うんですが、二間の長さのうちに節があったら「これダメ」と言うてのけてたんです。そういうのを寿司屋にでも売っておいたらよかった(笑)。もっとお金が残ってたやろうと（笑）。ところがこちらはそんな商才はないですから。とにかく節のない板を、三間の間に節のない板を、って百石の木の中から拵えたんです。

十年かけた板

幽雪　製材して板にして京都まで運びました。京都の高雄口の自分の家のちょうど西の端の方に、小さい、瓦葺の小屋を四間ぐらいの長さで作って、そこに入れて、板と板の間には桟を置いて。ただ、ずっと同じ位置に桟を置いてたらそこだけ黒くなると言われたんで、初めのころは一月に一回ぐらい桟の位置を変えてたんです。瓦葺の屋根にしたのも、トタン屋根じゃいけないと言われたので。板一枚がね、初め運ぶのに大工さん四人で持ってたんです、水気もありますし、重たいんです。それが七年後には、二人でいけるようになった。それだけ乾燥して軽くなったわけです。

結局、水中貯木で三年、板で乾かして七年。そやから合計十年かけたんですね。今、全国他の能舞台で、十年かけた板で舞台を作ったところはないと思います。

最終的に鉋《かんな》をかけるときに、一枚三間の板を（一息に）ずっと鉋を引ける（腕のいい）人はどこの会社にいるかって調べました。会館を作ったのは大成建設なんですけど、最後の鉋をかけたのは大成じゃないんです。どこが一番板は引けますかと尋ねて回ったら、結局、宮崎木工って会社があって、そこが一番いいんじゃないかって。他の建設会社の人が、そういうことはあんまり教えはらへんのでしょうけど、教えてくれたんです。それで実際に現場を見に行くと、年配のベテランの方が鉋を引いてると思てたら、比較的若い人で鉋が引ける人がいましたですね。最終的に全部引き終わったときには、大工さんらと乾杯しました。

舞台下の甕は十四個

幽雪　舞台の下に反響のために置いてある甕の配置も、あちこち見て回りました。昔のは下をがっと掘ってありますでしょ。割合小さな甕があったんですよね。これは言うたらあかんのですけど、お醬油の樽みたいな栓がついてるのがあったんで、これは違うなと思ったところもありました。響きすぎるので消音材を置いているところもありました。響きすぎるのは、下を掘ってしもて、それを全部コンクリートで固めてある。三間四方の舞台の下、全部。そやから響きすぎるから今度は音を消すものを入れないかん、ということになるわけです。

京都観世会館の甕は直径一メートルくらいあります。高さは私の肩ぐらいですね。それが十四個入ってるんです。先にお話ししたように、強制疎開のときに高雄口に運んで残った二つのうちの一つを見本にして、信楽で焼いたんです。丸太町の能楽堂も甕は十四あったんです。残った二個の甕は、もう防火用水やなんや色んな物に使ってましたから、造るときには十四全部新しくしました。一つ幾らしたかは覚えてませんが。

今、会館のは針金で宙づりにして、多少向きも変えたりしています。下に埋めてしまうとやっぱり響きが悪いですから、ちょっと宙に浮かしてある。橋掛《はしがか》りの下にも、甕があります。床下へ入っていくのには針金や何やらで、ちょっと頭気いつけて入っていかなならんですけど。舞台の下は、充分立って歩けるだけの深さはあるんです。

大谷　江戸時代の能舞台の図面などでも、橋掛りの分も入れてだいたい、十二から十四個くらいの数ですね。甕を地面に置かず、宙づりになさったのは、何かモデルがあってのことですか。

幽雪　モデルはないんですけども、やっぱり下へ埋めてしまったり置いたりしたら、その甕の中の音は、反響は、よくないわけですよね。板の下の根太《ねだ》も以前の倍幅のに変えて、本数を半分の五本にしました。いろいろ建築の本を読んで、舞台面に接するとこは猿頬《さるほほ》に削ってもらってます。そんなんでも音が違《ちご》てくるんです。

大谷　音響効果といえば、西本願寺北舞台の白州の部分に敷き詰められている黒い石に音響効果があると伺いましたが。

幽雪　お客さんの方を向いてるというんですね。僕が最初使ったときに、京大の先生が音響効果というようなことで随分調べられたんですけども、はっきり分かりませんでした。

大谷　甕の配置はどのようになさったのですか。

幽雪　役者は、ここに甕があるからって動いてませんでしょう。そやから、だいたい常座のとこに置くとかそういうふうに考えて甕を置くわけですね。上からは何もわからへんわけですからね。正中の下は当然必要でしょうけどね。

昭和五十一(一九七六)年、京都観世会館の板の取り替えが終わったときには、お祝いやからとお酒で舞台を拭くと、お酒が一斗五升〈およそ二十七リットル〉いったんです。後はもちろん糠とか、おからとか、そういうもので拭いたんですけど。お酒で拭いたら艶が出るとか、そんなことはないですが。

大谷　お酒好きの笛方の方が、お正月だけはお酒を笛にも飲ますんやと、お酒を笛に流すとおっしゃってました。お祝いとはいえ、舞台もよく飲んだものですね〈笑〉。よほど乾いていたのですね。

見所は昔は桟敷席がぐるりと奥に一列ありましたね〈昭和五十九(一九八四)年、玄関やロビー改装時に、全て椅子席にした〉。

駐車場の土地買収

幽雪　〈平成十三(二〇〇一)年、隣の土地を駐車場用に購入した〉駐車場がないと、不特定多数の人を対象にした興行としての許可が出ないわけですよね。それに何か起きたら逃げないかん、そのためのスペースが要る。それで、駐車場の端から端までこれだけあります、ざーっと出られます、と説明出来るほどのスペースが、改築するときに必要やったんです。それで有力な素人弟子の方に相談に行ったら、「土地は借金してでも買え、って言いますなあ」って言われて「ほんならお金貸してください」って言うたら、個人的には会館には出せない、と言われました。しかし「やっぱりどうしても欲しい」と、思いました。京都観世会館の理事会の半分くらいは反対でした。地主のYさんの会社へ行ったら、向こうの社員がずらっと並んでいました。僕らは二、三人でした。井上嘉介さんも連れて行った、それと浦田保利がいましたかねえ。ほとんど私がしゃべったんですけど。「どうしてもこの土地は欲しいんです」と、言いました。初め言われた値段は四億円でした。交渉で本音をさらけだすのはいかんのはわかってるんやけど、「欲しいんです」「そやからなんとか売ってください。そやけど四億のお金は出せん」と、全部本音をぶつけました。そしたら結局一億円、安うなりました。

大谷・宮辻　ええっ。

幽雪　三億円にしてくれたんです。最後、Yさんのお宅で、Yさんと僕と一対一で話をしたときに、Yさんが「わかった。三億円にしましょう」と言うてくださった。しかし、やっぱり玄人の人(能楽師)から随分反対されました。僕は、三億円を払うのにお素人の方にこれ以上迷惑をかけるのはいかんさかい、玄人で何とか返済していこうと、言いました。上の者がなるべくようけ持つようにするから、若い人たちにはなるべく少しずつ出して下さい、とお願いしました。毎月少しずつ返していくから、と言って。それで、それはもう返せたんです。今、京都観世会館には借金はないんです。駐車場に関しては、玄人だけで買えたんです。六、七年かかったと思いますけどね。駐車場は約二百四十五坪(約八一〇平方メートル)です。

宮辻　幽雪さんの土地取得の交渉は真正面から。

大谷　正攻法ですね。

幽雪　何に対しても一緒ですよね。板のときも、結局欲しいということで。全く正直に欲しいんや、と言うてるだけで、それがよかったんですよね。Yさんにも。

宮辻　気持ちが伝わった。

大谷　協力したいと、周囲が自然に引きつけられていく。その結果ですね。

板の足触りで位置が分かる

幽雪　観世会館の橋掛りは、普通の三間の板やなしに、一間半を間に入れたりしてます。わざわざそういうふうに作ってるんです。三間通しの板を並べて、もう三間向こうへ行ったら六間の橋掛りになりますね。間口入れてね。それをわざわざ一間半くらいのところで継ぎ目を交互に入れていく。すると、そんなことしてええのか悪いのか知りませんけど、出てきて足触りで、「ああちょうどこれを越して正面向いたら一ノ松」って分かるんです。しかし、三間通しの板で作ったらよかったなあって、今なら思いますけどね。

シテで橋掛りの真ん中を通るのは翁だけで、他のシテの登場は後ろ側(奥側)、退場は前側(見所側)。真ん中は歩かない。そやから後ろ側の板の、ちょうど一ノ松の辺りに継ぎ目が来るんですよ。そしたらその継ぎ目を越したところがちょうど正面向いたら一番ええとこやと。それは勝手に私がそう思ってる。他の場所でも、たとえば大小前へ回ってきて、ここの板はちょっと筋があって、この筋を越したとこが大小前の板やなと、足触りで分かるわけです。

宮辻　もう板の筋まで全部頭に入ってるわけですね。

大谷　皆さんそうなんですかしら。それともやっぱり特別でいらっしゃるんですかしら。

幽雪　いや、筋までってことはないんですけど。大小前ってのはこの筋、こうしたところが一番真ん中の板と。それは足が勝手に覚えてるわけですよね。筋を覚えるまで会館で稽古したわけではないんですけども。慣れで、この筋が大小前の一つ前と分かるわけです。観世会館は今、借りたら一時間になんぼって払わなあかんから、自宅稽古場ですることになります。ただ子どもたちは、ここは橋掛りだよって歩かして舞台へ入ったって、やっぱり理解するまでにね、時間がかかるから。どうしても舞台で稽古させたいと思いますけども。

西本願寺北舞台(国宝)

大谷　国宝の西本願寺北舞台は、秋から冬にかけては冷える場所ですので、ひざかけのようなものが当日配られたこともあるようですね。

幽雪　私は十月に能の会をそこで、四、五回しました。十一月に一回だけしたときに、十日ぐらいでしたけども、やっぱりちょっと寒いなと思いました。橋掛りの後の色づきが、十月と十一月ごろではちょっと違うてくるんです。お日さんの入る時間帯も違ってきますし。

大谷　私、北舞台では随分前ですが『半蔀』を拝見しました。

幽雪　『半蔀』は二回目の会のときでした。

大谷　南舞台では、これも随分昔、『天鼓』を拝見したのがとっても印象的でした。降誕会のときですね。鬘帯《かずらおび》や袖が風に揺れることで、『天鼓』の自由で純粋な感じが出ていて、野外能ならではの空気感を今でも覚えています。

幽雪　そうですね。『井筒』でも野外では薄《すすき》が揺れたりしますものね。十一月の二時では、お日さんがうまいこと舞台に当たるかどうかわかりませんけど。一昨日、東京で浅見真州《まさくに》さんの会があって、そのときに友枝昭世さんに聞いたんですけど、相当舞台が傷んでますから、何回か拭いていらっしゃるみたいですよ。舞台の木の木目が出てますからね、少々拭いたって……。

友枝さんが明日(二〇一三年十一月二十一日)『清経』の能を舞われて、私が『砧』の仕舞を舞います。本願寺降誕会は、観世元義の時分から片山家が承ってたもんです。

大谷　北舞台はここ十数年は使われていなかったようですね。

幽雪　十六年ですね。十六年前は八世銕之亟さん――亡くなった静夫さんが出たんやないかと思います、そのときは富山の門徒の方の紹介でしょうね。『羽衣』を舞って。十一月の中頃で、寒いころでしたけどねえ。

大谷　以前、パンフレットに北舞台で『井筒』を舞われたときのことを書かれていますね。

幽雪　あれは偶然ですね。「見れば懐かしや」と井筒を覗いたときに、お日さんがちょうどそこへ差し込んだんです。計算も何もしてなかったんですけどね。

大谷　井筒に姿を映す懐旧の場面に、すっと西日が差し込むという、巧まぬ「妙」の瞬間が現出したのですね。一幅の絵を見るような、ずっと時間を止めて見ていたいような場面で、皆さんどんなに感嘆なさったことでしょうね。江戸期のいわゆる評判、観能を記した随筆などに、「皆人、感じ入る」という表現がありますが、見所からため息がもれるような、そんな瞬間ですね。日が差し込んできたときに、ご自身も、光が差してきたということがおわかりでしたか。

幽雪　面かけてますから、あんまりわかりませんでね。こうなったとき(下を向く)には、それはわかったんですけども。あの写真はあちこち出回ってます。

大谷　ええ、私はその舞台を拝見していないのですが、その写真でなんだか見ていたような錯覚を覚えるのです。

幽雪　『半蔀』のときは十一月だったんで、お日さんの当たり方がやっぱり違うて、常座にあった作り物へ光が差したんです。それも偶然ですけどね。

北舞台では『三井寺』もやってますし、『野宮』もやったんですね。『三輪』の「白式神神楽《はくしきかみかぐら》」もやってますから、結局五回ぐらいやってますね。昔は何でも上演出来ましたが、最近は少し制約がかかっています。般若の面や怨霊が出るものは上演しにくくなっています。

大谷　そういう理由でここ十六年使われていなかったんですか。

幽雪　いやいや、そうやないんです。普段閉まってますでしょ。その間、鏡の間を事務所みたいにして使ってられるんです。そやから、舞台だけがぽんとあっても、それを使おうと思ったら、鏡の間とかを皆空けんならん。そやからなかなか難しいし……。

能舞台としての使い勝手は、割合いいと思うんです。この前も言うてたんですけど、南の舞台の方が立派やし、柱も大きい、橋掛りも長い、全体にすごく大きいんですけど、あと一足、というとこが行きにくい。要するに框の中から三間か、框の外から三間か、框の真ん中から三間か、の違いかもしれません。まあ東京の人に言わせると京間とか何とか云われますけども。同じ三間でもそれで変わってくるんやと思います。そやから南の舞台は、ちょっとそういう意味では、あと一足行きたいなというところが行けんな、ちょっと狭いかなと。見てる感じよりもね。で、北の舞台の方が、意外にそういう感じがせんのですね。柱や何かは狭いですけれどもね。

京都観世会館は南の舞台を真似したんです。橋掛りの向こうに土塀があるのもそのためです。南の舞台は土塀と橋掛りの間が二間以上空いてるので、距離感がちょうどいいんですけれども、京都観世会館は塀が迫ってきているので、塀としてしか見えない。『熊野《ゆや》』などはいいんですけども、『善知鳥《うとう》』など京都観世会館でやると、すぐ近くに塀があるので、立山の川原があるところで何かしてるっていう感じとちょっと違うてくるんですね。能舞台としてはいろんな景色に見えてほしいのに、塀を背景にしているように見えてしまう。一回板ひき直したときに、塀取りたいなって思ったんですけど、そこまでようしなかったんです。

大阪の山本能楽堂さんとか京都の河村能舞台さんの、橋掛りに少しカーブのある欄干のようなものがありますが、ああいうのは北の舞台を真似てられます。

神戸の昔の能楽堂

幽雪　神戸にも立派なのがありましたですね。山手に。

大谷　大倉山の近くにあった神戸能楽会館(図13)でしょうかしら。

幽雪　そこも子どもで出たくらいで、そんなに記憶はないんですけどね。

大谷　あと神戸は、元町の高架下に元町能楽堂（図14）が。

幽雪　ありました。それは戦後です。電車が通ったらガタガタガタガタいうて。筆の軸を置いたら、

図13　神戸能楽会館

図14　元町能楽堂

ころころころっと正先へ転がっていく。舞台が坂になってました。

大谷 （笑）、ばち転がしの……。

幽雪 それがもっときついんですよ。前へ行くのが怖い。しかも上へわあっと電車が通ったら何も聞こえなくなるという。それでも舞台がありましたし。それから幼稚園の。

大谷 川崎重工の近くにあった大慈保育園内の能舞台（図15）でしょうかしら。南の浜の方じゃありませんか。

幽雪 そうかもわかりませんね。幼稚園の舞台で、橋岡（久太郎）先生の舞台やらありましたね。

大谷 神戸にお住まいだった伊藤正義先生は、学生のころに高架下の舞台で野口兼資を見たっておっしゃっていました。

幽雪 僕らはそこでは仕舞とかそういうものしかしてませんけどね。父親についていって。

大阪能楽殿

大谷 戦争で燃えた大阪能楽殿（図16）、あれはものすごく大きくて、日本一と評されたそうですね。

幽雪 豪華だったみたいですね。私は子方で出た覚えしかないんですけども。あそこの橋掛りの板は随分長かったっていうので、僕も今になってからそう思います。

大谷 京都以外ではどの辺りまで行って舞っておられたんですかしら。

幽雪 そうですね、松山は比較的よく行ってました。四国では素謡会みたいなのがあって。一週間ぐらいあるんですが、場所が毎日移動するんです。曲目もちょっとずつ違うて。もちろん私らはツレとかなんですけど、明日私は何の役ですかって聞いてもなかなか言うてくれないんですよね。昔は、先々代の家元の時分でも、素謡会の申し合わせの日に地割が貼り出される。そうやなかったら当日貼

図15　大慈能舞台

図16　大阪能楽殿

り出される。もちろん何が付くかわからない。そういう時代があったんですね。

僕らは四国をあっちこっち回っているうちに、シテと曲目だけが決まっていくわけですね。松山まで船に乗っていくわけでしょう。それから電車で宇和島とか八幡浜とか回るわけですよ。結構距離があるんですけど、そういうときに、前の日に、明日私の役は何ですかと訊いても言うてくれない。明日行ったらわかるよ、という。

大谷　そういうのもあったんですね。江戸時代の謡講のときは、二日か三日前には役が決まってたようです。もちろん、その前には月に最低三回か四回みんな集まって、全部の役の稽古を一斉にして、最後の稽古日に本番の役を決めるという習わしがあったみたいですけど。今のお話を伺って、そうした習慣が近代まで続いていたことがわかりました。面白いですね。

第三章　父、博通

「能楽研究室」

幽雪　父は明治四十(一九〇七)年十二月二十二日生まれです。十三歳ごろまで子方をしていましたが、能役者になるつもりがなくて、東大へ行って外交官になろうとしていました。ところが東京で結核になって大学へ行けんようになって、京都へ帰ってくるんです。関東大震災には鎌倉で遭うたんです。そのとき、二階から飛び降り、歩いて東京へ出た、と聞いてます。東京で結核で倒れたときは、先々代左近さんに随分、介抱していただいた、と言っておりました。学業を断念して京都へ帰り、高雄口の家を「能楽研究室」と称して、そう印刷した封筒も作ってました。『風姿花伝』など研究してゆくのが自分の使命のひとつだと思っていたんでしょう。

大谷　世阿弥の『五音』の影印本も出されてますね。でも能役者としての片山家はどなたが継ぐと思っておられたんでしょうか。

幽雪　それは考えてなかったんでしょう。しかし、能役者の世界へ戻ったのが昭和五(一九三〇)年、満で二十三歳になる年です。昭和七年からは「幽謳会」という会を始めています。スタートが遅れてるわけです。だから必死に稽古していたようです。そのころ、稽古会とか朝打ち会とかしています。囃子方を決めて、その方達に囃子をしてもらって稽古をしていた、と父が話していました。

舞台で倒れ、急逝

〈幽雪の父博通は、昭和三十八(一九六三)年三月十日、神戸の湊川神社神能殿で『求塚』演能中に突然倒れ、数時間後に死去。五十五歳だった〉

幽雪　その日、僕は神戸へ行くはずじゃなかったのです。家内の里の法事があるんで、そっちへ行くつもりやったんですけど、朝、親父が急に「博太郎、車で連れて行ってくれ」って言うたんです。私は運転免許を取ってまだ三カ月やったんで、尻込みしたんですが。多分、装束を着けさすためやったと思うんですけど。大抵、親父さんの装束は私が着けておりましたし。行きがけは自動車の中でお菓子を食べたりして、「ちょっとどっかでごはん食べて行こうか」て、言ってたぐらいです。「そんなことしてたらぎりぎりになりますよ」って言うて、それはやめたんですけど。もちろんあんなことが起こるとは全く思うてしませんでした。楽屋で『求塚』のロンギあたりを聞いてると、(四世茂山)千作さんが、「親父さん今日はええ調子やな」と、言うてはった。それぐらい元気でした。このとき、小鼓は幸流の女性の方でした。大倉長十郎さんの家では当時『求塚』を打たなかったんで。『求塚』をなさると火が出たりとか、あまりいいことがなかったので。それで打たれなかったんやと思います。ちょうど長十郎さんが楽屋へ来てられたんか、忘れましたけども、そんな話が楽屋で出てました。その後、長十郎家でも『求塚』を打たれるようになりましたけどね。

中入りの直前ごろ、後見の人が駆けて来て「親父さんちょっとおかしいで」って言う。舞台を覗いたら、正中で座って、膝に置いた手が下へだらっと下がってる。で、僕が切戸口から出ていったら、座ったまま鼾をかいてました。倒れてへんのです。僕はとにかくそのまま切戸口の横まで引きずっていって中へ入れました。楽屋で寝かせて、装束やらほどける物はほどいて、ほどけない物は切って、ゆるめました。それから僕が見所へ出ていって「お医者さんはおられますか」と、訊きました。そしたらおられたんですけど、「医療器具を持ってないから取りに帰る」と言われたのです。救急車を呼んだら来たんですけども、「お医者さんは」と聞いたら「乗っておりません」と言う。医療器具を取りに帰っておられるお医者さんが来るまで待ってください、と言うたら、救急車の方は「それは待てません。どういう事故が起こるかわからんから、ここで待ってるわけにいきません。乗られないのなら帰ります」と言うので、「それなら帰ってください」と、言いました。お医者さんのいない救急車に乗せてもしょうがない、と思ったんです。で、お医者さんが戻って見えたんですけど、やっぱり難しいということで、楽屋で寝かせたまま、母のところに連絡したら、たまたま高雄口から新門前の家へ帰ったところだったのですぐにつかまりました。母はすぐ来ました。二、三時間、息がありましたから、母は息のあるうちに来てるんです。

そのとき、僕は非常におかしいんですけど、もっと動転するはずなんやけど、明日の親父の予定は、というのがまず気になったんです。檜書店さんの雑誌の取材があったのをお断りしました。その他の予定も皆断るように、そういう手配をすぐにしたんです。そのうち母や慶次郎、元三郎、私の嫁も到着しましたが、意識が戻らないまま、その一時間後ぐらいに息を引き取りました。七時半ごろですね。昔の主治医やった高折病院の院長さんを母が連れて来たんですが、先生は親父の顔を見た瞬間、首を振られましたからね。死因は脳溢血でした。車に乗せて一緒に帰って来ました。当時は名神高速もまだありませんでした。

僕が『求塚』を代わったらよかったかもしれませんが、そんなことしてたら後の手配ができませんから。いったん中断したんですけど、その後、キリを藤井久雄さんが袴でやられたと思います。藤井さんは地頭をされていたんですが。

私はこの一年前の一月十四日、京都観世会館で大槻十三さんが『田村』の演能中に倒れられたのも見ていました。このときは、十三さんは体が大きい方だったので、倒れられた瞬間、ドンと大きい音がしました。で、そのとき「動かすな！」とお客さんの中から、お医者さんが立ち上がって声を出されました〈京大名誉教授の三林隆吉医学博士で、すぐ舞台下に駆け寄って脈を取ったが、二、三分後に、十三は息を引き取ったという〉。親父のときにはそういう声はなかったんで、とにかく楽屋へ引っ張り込まないと。舞台の上に置いたままでは次に進行しませんし。

宮辻　意識がなくなる直前、お父様が「じ」と言われてたというのは。

幽雪　あ、それは、僕は楽屋にいたから聞こえてなかったんですけど、地謡の「これを最期の言葉にて」というちょっと前ですね。（シテの）「生田の川は名のみなりけりと」の上音に上がるところがもう出にくかったんやと思うんです。そやからそこでもう地謡というつもりで「地」と言ったんやと思います。実際には私には聞こえてないんですけど。地謡で座ってた方が、親父さんが「地、地」って、そう言ったと言われるんです。地謡の「これを最期の言葉にて」っていう謡の前でしたから、非常に劇的な話だとよく言われました。

今思うと、髪を結うてるときに、「ちょっとここをもう一回直してくれ」と頭の後ろを指してましたから、その辺が気持ち悪かったんじゃないでしょうか。

今の医学やったら何とかする方法があったんでしょうけど、まだその当時にはね。

家へ帰ってくると、お悔やみに来られる方々に挨拶をして、色んなことを指示して、全部が済んで初めて親父の枕元へ座って「何で死んだんや」と、思いました。そのときにサントリーのオールドをストレートで飲みました。それまでお酒を全然飲まなんだんですけども、オールドが三分の二ぐらいは空いてました。飲んでも全然まわらないんです。井上流の世話人の方にボトルを取り上げられなんだら、全部飲んでたかもわかりません。夜の十二時を回って皆が帰られて初めて、ほんまに父の死というのを実感しました。

あの日の朝、結果的には行ってよかったんです。行ってへんなんだら、みんなどうしていいかわからなんだやろう、と思います（葬儀は三月十三日、京都観世会館で京都観世会葬として営まれた）。

『世阿望憶』の代役

幽雪　父が三月十日に亡くなり、三月二十五日に京都観世会の緊急理事会が開かれました。家元も出席されまして、そこで僕が京都観世会の会長になったんです。このとき、選挙はしてませんが、家元が片山博太郎にしてもらえって言うてくださっていたようです。しかし、そのときは会長になった感想も何も……。

その月の三十一日には、中日五流能で『世阿望憶』を父の代役でやりました。親父が受けてたんです。『世阿望憶』は前年の昭和三十七(一九六二)年、親父が創った曲でした。僕も「これはこうした方がいいんじゃないか」など話しながら、節付やら手伝うてました。初演は、親父さんが京都薪能でやりました。しかし、親父は亡くなっていますし、先代の家元に「どうしましょう」と相談すると、

「あなた、代わってよ」

「私でいいでしょうか」

「誰も代われないでしょう」

と。で、結局、お引き受けしました。佐渡から帰った世阿弥の姿を描いてるんです。中日五流能は劇場でしたが、能楽堂(京都観世会館)でもいっぺんしました。今上演するなら、型が複雑過ぎるので、もうちょっと整理をした方が……。妙花風の女とか、いろんな人物が出てきます。それぞれが退場するのが、劇場なら袖に入れますが、能楽堂ではみな切戸口でしょう。そういうのも整理した方がいいと思います。

大谷　機会があれば、ぜひ上演していただきたいですね。世阿弥の伝書を能楽界に広めた博通さんの功績は大きいですからね。

幽雪　もうそのことを知っておられる人はないんじゃないですかね。

『求塚』を「忌曲」とせず

幽雪　それから父が亡くなった二カ月後の五月、京都観世会の例会で僕に『求塚』の役が付いてたんです。これは前から決まっていたんです。で、何人かの方が「やめるか」と言うたんですが、やめたら「忌曲」となってうちの留めの曲になるから、「やります」と言いました。ツレは誰か別の人がついていたんですが、親父さんの追悼の意味で、弟の慶次郎と(杉浦)元三郎とに代えたんです。地頭は、父の最後の舞台で地頭を勤めていただいていた藤井久雄さんにお願いしたんですが、藤井さんが申し合わせの途中で「とても謡えません」と、涙を流されて。藤井さんは親父と同い年でした。結局、本番は藤井さんは出られなかったんです。私は「とにかくやる」ということで必死でやりました。やっていて、やっぱり親父が倒れた箇所へ来ると、ちょっと感傷的な気持ちになりましたけど、そんなこと思てたらお能が成り立ちませんし、そのままずっと続けさせてもらいましたけど。今から思えば、幼稚な『求塚』やったと思います。

『求塚』は、華雪先生が一所懸命、復曲されていかれる過程を、一緒に立ち会うて見せていただいていたんです。寿夫さんが華雪先生の指示通り動かれるところなどをね。京都で華雪先生がシテをなさったとき、私がツレに出していただきました。もう一人のツレは静夫さんでした。華雪先生の謡は低い調子でもピーンと高く聞こえてました。そやから今、僕は、華雪先生みたいには出来ませんけど、調子は下につけても声は張れ、というような言い方をみんなにしてます。そのころは分かれへんかったんです。静夫さんと僕とがツレやって、華雪先生と一緒に連吟しても、静夫さんはおじいさんに始終習っておられたから、付きやすかったでしょうけど、私もお稽古はしていただいてたんですが、こっちが幼稚やからなかなかうまく付いて行かれへん、と当時は思ってました。

『求塚』は、華雪先生が一所懸命作っておられるのを見てましたから、観世流に『求塚』が出来ていく、という喜びがありました。だからせっかく復曲されたものを私がやらなんだら、片山家でやらんようになる、それは避けたい、と思いました。当時、華雪先生自身が型付を書いて、それを各職分家へ片山家から回しました。「それぞれ御工夫下さい」という華雪先生の口上も付けていました。つまり、自分はこう作ったけども、それぞれ工夫してやってくださって結構です、ということです。そやから吉井司郎さんはいろんな型を考えはりました。みんなが一所懸命やろう、という気持ちがあったんでしょうね。おかげで今はいい曲になっています。あのとき、私もやってよかったと思っています。

第四章　片山九郎右衛門家の代々

初代豊貞

幽雪　丹波から京都へ出てきたと言われています。父の『幽花亭随筆』には、兵庫県氷上郡の和田村が昔、片山村と言われていて、そこにある真言宗高野派の延命寺の過去帳に「片山九郎右衛門」という名前があった、と書かれています。そこへ私も行ったんですが、片山家は日蓮宗ですから、延命寺の「片山九郎右衛門」と関係があるのかどうか、分かりません。片山家の菩提寺は堀川六条にあった日蓮宗の本圀寺《ほんこくじ》です。代々の墓はここにありました。今、本圀寺は山科に移ってしもたんですが、墓は元のところに残っています。本圀寺の塔頭の本妙院が片山家の菩提寺になって、そこが守ってくれています。本圀寺の片山家の墓地は、京観世五軒家の一つの浅野家が寄贈した、ということです。

大谷　『素謡世々之蹟《すうたいよよのあと》』（京観世五軒家の一つ、浅野太左衛門栄足《よしたり》の門人、佐々木春行著）にも、丹波は出てこないんですね。片山家の初代が丹波から出た、という話は、何によってるんでしょうかしら。

幽雪　まあ、僕らは親父さんに聞いてた話ですけれども。丹波から出てきたと。で初代の九郎右衛門は京の観世屋敷には出入りしてたと。観世屋敷の取次とかそういうことをお手伝いしてたんやろうと。だけどいきなり丹波から出てきて、京都の片山としてやっても通じひんやろうし、多少謡はしていて、半プロみたいなことをしていたのではないか、というのが父の推測です。

大谷　『素謡世々之蹟』には、（京の観世屋敷を管理していた服部宗碩の妻だった）智清尼が辞した後、観世家所用向きを片山が勤めたと書かれています。それは初代なのか幽室なのか、『徒歌授受傳』はちょっとそこらへんがわかりにくい文章にはなっているのです。

幽雪　それはそうかもわかりません。いきなり丹波から出てきて、初代がそこまでやれるとは思いませんし、二代目の幽室かもしれません。

二代豊慶

大谷　文化二（一八〇五）年出版の『随一小謡大成《ずいいっこうたいたいせい》』には「片山傳七といふ人、五十年以前に出京して一家を起こせり。後に九郎兵衛と改む。また慶助と改む」。これが祖である、と記されています。初代は過去帳に拠れば享保十三（一七二八）年に亡くなっていますので、これは幽室のことになってしまいますね。初代と幽室を混同した伝承もあったようですね。

幽雪　父の話では初代が丹波から出てきた、ということです。本圀寺にも初代豊貞のお墓が別になって建っていますからね。

「豊慶」の読みは「トヨヨシ」でしょうね。ウチでは「ホウケイ」と言ってますが（笑）。名古屋市の清凉寺に「片山豊慶之塚」があって、碑文が彫られていたんですが、今はそれもなくなっています。

碑文の拓本はうちにあります（図17）〈碑文は『眞の花』（片山博通著、丸岡出版社）に翻刻〉。それよりやっぱり（知られているのは）「幽室」という名前でしょうね。幽室は八十四歳のときにほぼ全曲にわたる型付全十巻と別巻一巻を完成させています。書体も同じものが古書店にも出ているのを見たことがあります。かなり出回ったんでしょう。その中に「他流の型といへどもよきはこれを用ふべし」ということが書いてあり、いい面も悪い面もあって論議を呼んできたわけです。ただ、今の能は、幽室より後の観世太夫の型付が主流になっていますから、古い型を調べようと思えば、幽室の型付の方がそれに近い。まあ簡単な書き方ですけどね。

図 17　「片山豊慶之塚」碑拓本

大谷　十五代観世太夫元章《もとあきら》の一代前の清親に幽室は習っているんですね。なので幽室の付けというのは、元章以降の型付よりもう一つ前の観世太夫の系統にあるということですね。

幽雪　元章の次でもう一回戻りますね。

大谷　でも完全には戻っていなくて。

幽雪　はい。

大谷　太夫家以外にきちっと全曲揃った形で古い付けを残しているという家もそう多くないでしょう。

幽雪　そうですね。他にはあまり聞いたことがありませんね。

大谷　京観世の岩井家なども型付や囃子の勉強はしていたみたいですけれども、筆まめの直恒も全曲の型付を残してはいないですね。

今回拝見させていただいた幽室の型付や史料など、幽室の直筆かどうか、筆跡をもっと調べなければいけない面もありますが、たとえば謡本には、玄用居士(十三代観世太夫滋章)の言葉がたくさん引かれていて、大変貴重です。玄用居士に直接訊いてるところもあるんですね。「余、或る時、玄用居士に問ふ、「老人の謡は殊勝に聞こゆるやうに謡ふべし」と。居士曰く、「老人の謡は次第に殊勝になるものなり。次第に謡のこけて骨がちになるゆへなり。随分肉のこけぬやうにたしなむべし。いかほどたしなみても肉のこけぬといふことなきやう、此の方よりこけるやうにするはもつての他のことなり。慎むべし慎むべし」」。つまり、これを書いた人は、玄用居士と直接会話をしている人なんです。玄用のもう一つ前の周雪(十二代観世太夫重賢)の言葉は「周雪曰く」としているので、直接会っていなくて伝聞かもしれません。「織公曰く」は清親のことだろうと思います。そうすると、清親ともその先代とも会って直接話している人物、となると幽室が一番、時代的にも合うんです。でも、家元に対して敬語を使ってないときもあるのでもっと近しい存在が考えられるんですけれど、元章は玄用の死後に生まれているので、元章ではない。幽室とは少し筆跡が違うのも気にかかります。

幽雪　周雪と玄用については『木賊《とくさ》』の型付に出てくるんです。周雪が「『木賊』に休息はない」と言い、玄用は「周雪様の御覚え違い」や、と。しかし周囲にも言われて年寄に免じて我慢した、ということが書いてあります(笑)。いわゆる幽室の型付とは別に、このように謡本が二十冊あり、一冊に十曲入っています。

大谷　これは本屋さんに特注したものですね。余白に書き入れ出来るように謡本を大判で刷り直しているんです。京観世の家にも同じような特注謡本があります。

幽雪　昔の謡本はあんまり細かい節が書いてないでしょ。後から、謡を習いに行った先の先生に朱を入れてもらうように、朱を入れた状態になっていますね。

大谷　先生に習うことによって完成する形で謡本は出版されているんですね。

三代豊正

幽雪　禁裏能の記録には、豊矩《とよのり》が文化六(一八〇九)年に『檜垣』を披いている、と書いてあります。豊矩は三代豊正のことです。

四代豊恭

幽雪　これまで四代は「豊泰」とされてきましたが、「豊恭」が正しいことが今回、大谷先生に過去帳や史料など調べていただいた結果、判明しました。大谷先生、ありがとうございました。

大谷　いえ。こちらこそありがとうございました。

幽雪　豊恭は養子です。実家は東栄家《とうえい》となっており、京都の笛の家です。

大谷　(明治期に廃絶した)笛方平岩流の一派に東栄家というのがあって、そこの眞助という方が片山家の養子に入ってるんですね。当時の能役者の「染物見立」というのがあり、どんな芸かを染物に見立てて狂歌を詠んでいるんですが、眞助は「日本第一」と褒められていて「品もよい粋にもうつる唐《から》更紗《さらさ》またとあるまい天《あめ》が下には」というのがこの方への評なんです。

五代豊尚

幽雪　五代は傳五郎豊尚《でんごろうとよなお》で、この人もなかなか上手な人やったらしいです。関白の鷹司政通《たかつかさまさみち》さんが自分の還暦の祝いに『三輪』の「誓納《せいのう》」をやってほしい、と所望された。しかし「それは出来ません。「誓納」は観世宗家一子相伝の小書やから、弟子家では出来ません」と豊尚は辞退したんです。当時は厳しいですから。それで「誓納」に代わるものとして「白式神神楽」という小書を作ったんです。これが嘉永二(一八四九)年のことです。今と違って東京と京都の行き来は不自由でしょうし、関西の観世流のことは宗家からある程度任されていたという立場にいたから、そういうことも出来たんでしょうね。それに鷹司さんのお声がかり、ということで、宗家の方も仕方がない、と思われたんでしょう。囃子にも明るかったんやと思います。あれだけのものを作ったんですから。「白式」は、囃子の手組なんかも面白く出来てます。鷹司さんも囃子に詳しかったそうです。鷹司さんの『鷺』の型付も残っていて、鷹司さんから傳五郎が伝授された、とされています。実際にそうだったかは分かりませんが。鷹司さんはかなり能を知っておられたようで、だから、傳五郎にも口出しぐらいはしたはるかもしれません。

大谷　鷹司政通は、五摂家の一つ。関白家の鷹司さんから伝授された、という形を取れば、いろんなものが伝授可能ということですか。

幽雪　そうです。鷹司さんだけやなしに、御所に始終出入りしていること自体がね。観世宗家は江戸におりますし、宮中に普段出入りしている能役者は片山家と(金剛流の)野村家ですからね。

宮辻　能を舞う公卿はかなり多かったんですか。

大谷　能は表向きのもの以外にも、内々《うちうち》で、今知られている以上にやられてたんです。それに宮中で働いている地下《じげ》の人達も頻繁に能の稽古をしているんです。そういうことが史料で少しずつ分かってきています。

宮辻　宮中でも能の稽古はかなり盛んだったわけですね。

幽雪　禁裏能の記録を見ても、『檜垣』など重い曲がたびたび出てますからね。

大谷　片山家を考えるときに、そういう京都の歴史的状況も考慮していかなければなりません。宮中で働いている人達が、誰から習っていたのか。役者側の史料から出てくればいいんですけど。

幽雪　「白式」が出来たときは「片山家当主が一世一代限り」という約束だったんです。けれども観世元義さんも観世左近先生も演じています。しかし、この小書を「観世宗家に差し上げます」と言ったのは親父です。戦後のことです。今でもきっちりしたおうちは「白式」をさせていただきます、ところへ御挨拶に来られます。『望月』なら(観世)銕之丞家のものですから(演じるときは)銕之丞家へ挨拶に行かなければいけません。

宮辻　片山家以外の方も出来るようになったのは、よかったのでは。

幽雪　よかったんですけどねえ。その代わり、ややこしいことも……ま、これは……。崩れてきてるな、と思うんです。笛の杉市太郎さんや小鼓の曽和博朗さんらお囃子の先生方らも「一回、ちゃんとしとかないかんな」とおっしゃってましたが。

たとえば、クツロギで橋掛りへ行って囃子が流シになるんですが、笛はヲヒャライホウホウヒ、まで吹いてから、流シに行くんです。しかし東京で最初に雅雪先生が「白式」をされたとき、笛は(藤田)大五郎先生でしたが、申し合わせでは一クサリ前で緩められて(流シになって)しまった。そのとき、僕が後見に行ってたんで「これは『白式』に限って、ヲヒャライホウホウヒ、まで行きます」と申し上げて、納得していただきました。僕が後見に行っていなかったら、普通の流シになってしまっていたと思います。そしたら、東京のやり方になって、京都でのやり方とは違ってくる。また、やってられる方の写真だけ見て、どうかな、と思うことも多々あります。

「白式」が誰でも出来るようになって広まったという点ではいいことではあったと思います。そやけど崩れていった面も確かにあります。上手な方、力のある方のやり方になっていってしまいますからね。

鷹司さんや近衛さんからいただいた扇なども残っていて、たまに私が使っています（図18・19）。いい扇です。近衛さんからいただいた千鳥の扇の写しを作ろうとしたんですが、今はその千鳥の絵や金箔の置き方がなかなか出来ないということです。

図18　近衛家より拝領の扇・袋

図19　鷹司家より拝領の扇

図20　六世九郎右衛門晋三

大谷　公卿の坊城家とも片山家は交流があったようですね。『梅若実日記』の明治八(一八七五)年の項に出てきますから、これは次の六代目の時代でしょうか。

六代豊光

幽雪　六代目の豊光というのが片山晋三で、三世井上八千代(春子)の夫で、なかなかの酒豪でした(図20)。僕が聞いてるのは、『鉢木』のとき、酒を飲んで舞台へ出て行き、橋掛りでこけたけれども、立ち上がって袖払うて「ああ降ったる雪かな」と言うた。『百万』では立廻りで舞台から落ちたけれども、また上がってきて「これほど多き人のなかに」と謡った、というツワモノですね。借金取りが来たら、いつも「居いひん言うとけ」と言うてたそうです。それに『百万』に出てくるのは「南無阿弥陀仏」ですが、片山家は日蓮宗なので「南無妙法蓮華経」ですわね。だから晋三は『百万』終わってから、うがいをしていた、とか(笑)。

晋三は明治十六(一八八三)年、柳馬場夷川下ルに能舞台を建て、それは現在、京都ハリストス正教会になっています(図21)。

大谷　片山家の幕末の能舞台は、西洞院二条上ル東側にあったんですね。これは元治元(一八六四)

年の禁門の変の大火で焼けたのですね。
幽雪　そうです。当時の家元が型付を「西洞院二条上ル　片山」宛に送ってきているので、そこに能舞台があったようです。晋三よりも前の時代に建てたんでしょう。

図21　京都ハリストス正教会（柳馬場夷川下ル片山能舞台跡地）

晋三は金剛流（野村三次郎、金剛謹之輔）とライバル関係にあって、晋三が死んだとき、金剛流が祝いをした、ということです。まあ、向こうも晋三の実力を認めていたんでしょう。

それから晋三は洋酒屋をやってた時代があるんです。いつごろかは分かりませんけれども。
大谷　そのころのですかしら、拝見した印譜、印章の中に「山」の字の左半分だけの印鑑がありましたね。つまり片方の山、「片山」を表しているんですね。洒落てますね。
一同　（笑）
幽雪　これは安政三（一八五六）年、豊光が十歳のときに御所からいただいた初参人形です（図22）。
大谷　能役者が御所へ初めて出勤したときに下賜

図 22　初参人形

される初参人形ですね。口を開けてますね。謡を謡っているのでしょうか。

幽雪　正月、新年の挨拶にいろいろな方が来られるので、玄関に名刺受を置いているんですが、その横に、いつもこの人形を置いています。

三世井上八千代と結婚

幽雪　本来なら晋三は本圀寺の墓へ入らんならん人やけども、春子は祇園町で教えてたので、自分が死んだら芸妓さんが山科の本圀寺までお参りに行くのは遠いからというので、晋三の墓を鳥辺山に作って、自分もそこへ入ったんです。当時は土葬ですから、昭和十三（一九三八）年ごろ、晋三の裃の破片が土の中から出てきたのを覚えています。今も鳥辺山に二人の墓があり、その向かいに片山家の墓も作りました。本圀寺の方の墓も残しており、両方お参りしています。

三世八千代は非常に筆まめで日記などをずっとつけてたらしいです。今もったいないな、と思てるのは、それを晩年に全部、自分で紙屑屋さんに売ってしまわはった、ということです。どういうことが書いてあったか分かりませんけども。春子は晋三の前にも結婚していて何人も子どもを産んでるんです。しかし残ったのは光子《てるこ》ばあさんだけです。三世八千代について僕が聞いてるのは、九十代のころ、弓を杖にして、祇園の歌舞練場などへ稽古に行かはるんですね。「コツコツ」と音がしたら「家元が来やはった」とみんな緊張したらしいです。植物園などへ私ら家族と出かけたのが、十六ミリの映像に残っています。父が趣味で撮ってるんです。母に聞いたところでは、若い時分、自分の芸の向

図 23　春子(三世井上八千代)と三兄弟

上のために「茶断ち」「塩断ち」をしてたそうです。

僕は子どものころ、稽古場のあたりを通ったら三世八千代に「あらどこの子や」と言われました(笑)。僕はひ孫になります。お酒の好きな方で、薬をお酒で飲んでいた。それもお酒が飲みたいから薬を飲むという(笑)。昭和十二(一九三七)年、弥栄会館で開かれた三世八千代の百寿祝賀会では、僕は仕舞『鶴亀』を舞いました。このとき、舞台で来賓の方々が祝辞を述べておられるとき、カメラのフラッシュがたかれるたび、扇で顔を隠すのが映像に残ってます。それに、何を舞うか、曲目を事前になかなか言わはれへんかったらしいです。地方さんが困るわけです。当時の地方さんは即座になんでも出来たんでしょうが。

三世八千代は二世茂山千作さんに大蔵流の『三番

図24　片山九郎三郎(観世元義)

三《そう》』を習うてるんです。そやから井上流の『三番叟』は大蔵流の『三番三』なんです。乱能で僕が『三番三』をすることになったとき、三世千作さんが「そろそろ稽古に来たらどうや」と言うてくれました。しかし、稽古にお伺いする前に、実は母(四世井上八千代)から『三番三』を習っていました。

七代博祥　観世元義

幽雪　博通の父です。「博祥」は「ヒロヨシ」と読むのじゃないかと私は思っています。「ヒロサチ」とは聞いたことがありません。二十二世清孝さんの三男で明治二十四(一八九一)年、片山晋三に男子がなかったので、娘の光子と結婚し、片山家の婿養子になりました。博祥は今の室町夷川上ルあたりに能楽堂を建てています。

大谷　明治三十五(一九〇二)年の末ですね。この室町夷川上ルの舞台抜きのときの写真集が刊行されています。この舞台は元義の居宅でもあったのですか。

幽雪　多分そうやったんやないですかね。

大谷　そこで月次会をしておられたんですね。

幽雪　その舞台は割合後まで残ってたみたいですね。故分林保雄(観世流シテ方)の家の向かいで、その後、新興宗教の教会になりました。その教会がなくなるので壊したら、松を描いた鏡板が出てきて、それを河村隆司さんが購入されてご自宅の能舞台に使われています。

大谷　整理しますと、片山家の能舞台は、柳馬場夷川下ルから室町夷川上ルへ移ったのですね。

図 25　室町夷川上ル片山能楽堂舞台抜き

幽雪　だいたい、そのあたりをうろうろしてたんです。博祥は大正五（一九一六）年、光子と離婚して「観世元義」となり、大正九年、今度は丸太町に能楽堂を建てるんです。これが丸太町の京都観世能楽堂です。元義が『道成寺』をしている小さい写真があったんですが、それを見ると、目付柱の前に鉄柱があります。それで屋根を支えてたんでしょうね。升席で後ろが御簾席になってました。

大谷　写真を見ると、自然光が入ってますね。

幽雪　そうです。屋根に擦りガラスみたいなのが入ってました。『道成寺』の装束の着方は、随分ざっくり着てますね。丸太町の能舞台の板は、今、うちの稽古場の板になっています。

元義は、実子の清久さん（後の先々代左近。二十四世)に非常に厳しい稽古をしていたということです。『道成寺』の鐘を吊るす綱で縛ったりしたっていう。古いお弟子さん達が見かねて、もうちょっと優しくしてはどうか、と言うたらしいです。しかし左近さんが十三歳で観世宗家へ養子に入られたら、すぐに左近さんを観世太夫として上段に据え、自分は下段、という礼を取ったらしいです。観世の二十三世宗家の清廉《きよかど》さんに子どもがなかったんで、元義に子どもが出来たら長男を必ず観世家へ返すように、ということでしたのです。そやから名前も左近さんの最初の名前は「清久」だったわけです。初めから観世家へ戻すべく決まっていたので、相当厳しい稽古をしたんですね。使命感があったんやと思います。そやから光子は、二十四世宗家、観世左近さんの実母になります。光子ばあさんは体も大きかったし、二十四世左近さんが急逝されたときは酒を飲んで悲しさを紛らわしていた、と聞きました。井上流の舞の方はすぐやめたんですが、杉浦友雪さん、吉井司郎さん、上田隆一さんら当時、片山家に書生に来られていた能役者の方達の面倒をよく見た人です。僕が千歳をするとき、「あんたは下手や」と言われました。一番下の元三郎には優しかったです。元三郎が光子ばあさんの頭をたたいても怒らんかった(笑)。

元義は型付に「豊雪」とも書いています。元々観世宗家の人で片山家へ養子に来たので、勝手に雪号を名乗れたわけですね。本名が壽《ひさし》なので晩年は「壽雪」とも名乗って、「壽雪本」という型付が残っています。そこから父が「壽雄《としお》」という名前も名乗ったんです。

《片山家代々》

初代豊貞　九郎右衛門
　　？―享保十三（一七二八）年
二代豊慶　庄之助、傳七、九郎右衛門、慶助、幽室
　正徳元（一七一一）年―寛政七（一七九五）年一月二十七日
三代豊正　豊矩、慶助、九郎右衛門
　宝暦五（一七五五）年―文政四（一八二一）年四月二十六日
四代豊恭　眞助、九郎右衛門
　天明四（一七八四）年―天保十四（一八四三）年三月二十九日
五代豊尚　傳五郎、九郎右衛門
　文政元（一八一八）年―元治元（一八六四）年九月十六日
六代豊光　光吉、九郎三郎、一、九郎右衛門、晋三
　弘化三（一八四六）年―明治二十三（一八九〇）年十二月六日
七代博祥　壽、九郎三郎、九郎右衛門、観世元義
　明治六（一八七三）年―大正九（一九二〇）年一月二十六日

第五章　日吉神社の「ひとり翁」

〈片山家は毎年元日、滋賀県大津市坂本、日吉神社の大戸開《おおとびらき》神事で『翁』を奉納する。片山の「ひとり翁」として知られる〉

幽雪　差符《さしふ》というのが毎年十二月十三日の事始めの日に来るんです（図26・27）。今は郵送です。「一月一日に参勤これあるべし。よって件《くだん》の如し」と書いてあります。それを持って十二月三十一日の夜、出発し、社務所へ出すんです。元日のお祝いがうちで出来ひんので、午後五時、この家（片山家）に集合し、お祝いをし、午後八時、出発します。僕と——昭和六十一（一九八六）年から九郎右衛門に代わってますが——、地謡の四人の計五人です。だいたい、向こうに夜の十時までには着くように出ます。今は車で行ってますが、昔は坂本まで電車で行って、そこから日吉神社まで装束を持ったまま歩いていきます。結構あるんですよね。

神社では晦日そばなどをいただいた後、仮眠します。なかなか寝られへんのですけど。午前二時に一番太鼓が鳴るので、それで起きます（現在は午前三時）。それから潔斎するんです。「片山能太夫潔斎場」というのがあるんです。そこで水を七、八杯かぶるんです。以前は社務所に泊まってましたので、

図 26　差符(袋)

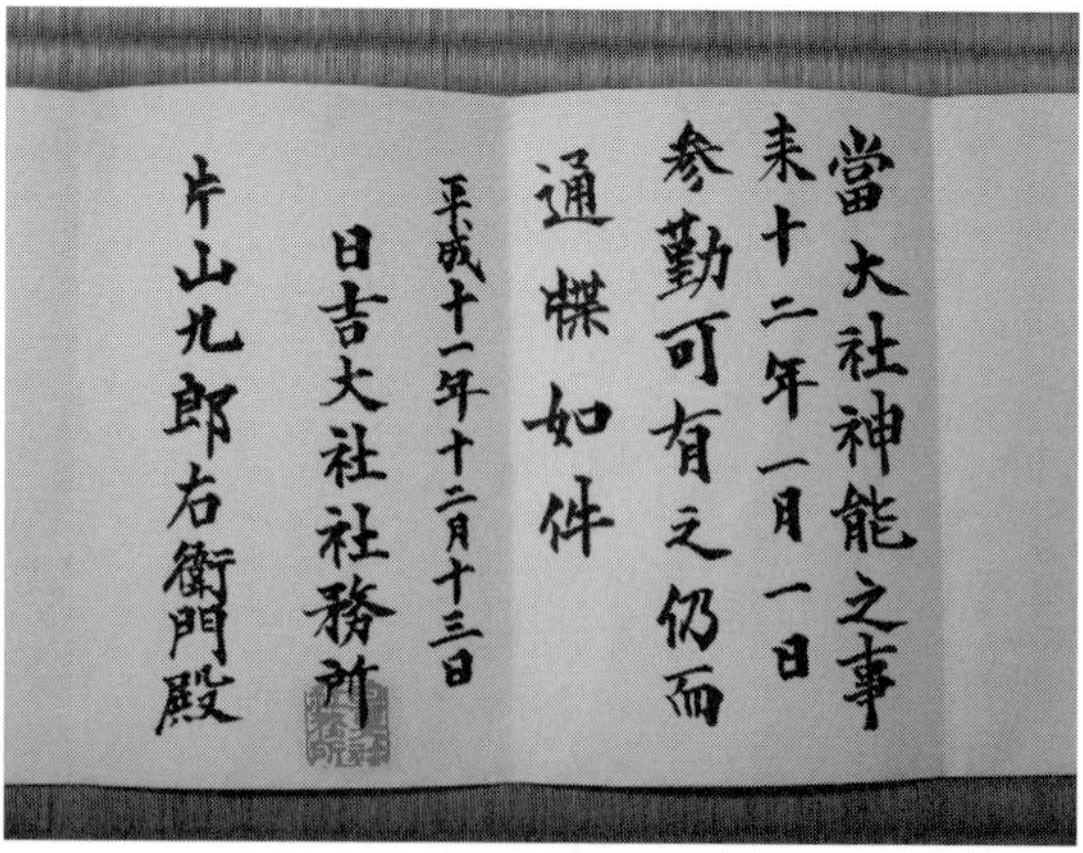

図 27　差符(書面)

社務所にある五右衛門風呂みたいなところでしてました。山水が蛇口から出るようになってます。その山水をかぶります。冷たい、というより痛い、という感じです。そやけど最初の一杯だけです、冷たいというか痛いのは。二杯目からは何ともない。とにかく一杯目をかぶるまでが……(笑)。「えいっ」と声を出さなんだら、かぶれません(笑)。一番太鼓は午前三時(現在は同四時)でした。これで装束を着け始めて、一時間後の三番太鼓で社務所の前に整列します(図28)。それから西本宮へ行って(図29)、祝詞《のりと》を上げられるのをじっと待っているわけです(図30)。今は一時間ずつ遅くなっています。僕

図28　大礼の祓

図29　西本宮へ移動

らが舞台で待ってる間に宮司さんが奥の方へ行かれると御簾が降りて、僕らが謡い出す、ということになってます。『翁』の声がその年の稲作の吉凶を占うと言われてるでしょ。そやから日吉さんではずっと声を気にしてました。しかし気にはしてましたけど、特にどうする、ということはありませんでした。ただ、仮眠の間はとにかく眠るようにしてました。声が出るように。

以前、大倉長十郎さんに来ていただいて小鼓を打ってもらったこともありますが、しかしやっぱり今の形がベストやと思います。(古くからの儀式の中に)能の今の『翁』を持ち込んでも、ちょっと違う。地謡も父のときから入ったように聞いてます。その前は地謡もなく、全く翁一人だけやったようです。観世元義さんの代わりに杉浦友雪さんが行かれたときは地謡はなかったそうです。その延長線上に来ているんで。『翁』の一番厳粛な形は日吉さんの『翁』です。真っ暗の中、大戸開きのギイーッという音がしてお辞儀をして、というところなど気が引き締まりますね。

図 30　西本宮拝殿

夜通し参詣されてる方も居られるし、翁をしてるときにお賽銭が投げられるので、当然、僕の体にも当たります(図31・32)。西本宮が済むと、東本宮へ向かいます(図33)。真っ暗な中、山道を神主さんの履く沓を履いて歩いてくので、ちょっと歩きにくいです。東本宮では舞わへんのです。翁は平伏したまま「四海波」を謡うんです(図34)。そやから割合しんどいです。

図31　「ひとり翁」の奉納(その1)

図32　「ひとり翁」の奉納(その2)

大谷　奉納はいつからなさっているのですか。

幽雪　いつごろから片山家が『翁』を奉納するようになったのかは分からないです。日吉神社さんの方の史料を調べてくださったら、ある程度分かるんじゃないか、と思います。宮司さんが年末に赴

図 33　東本宮へ移動

図 34　東本宮拝殿

任してこられた場合などは、慣れてはれへんでしょ。それであるとき、祝詞を聞いていて「文章が違うんじゃないですか」と言うたことがあるんです。「新しき年の新しき日のきょうのよき日に片山家の『翁』で……」、そんな文章になってたと思うんですが、何かちょっと違ってて「お宅の祝詞を見せてください」とお願いしたら、やっぱり違うてました。永い間、行ってるとね、そういうことも分かります。

装束

大谷　私、先日、佐々木能衣装さんへ伺ったときに、ちょうど福王(茂十郎)さんとこから古い装束の復元を頼まれて作っておられるのを見せていただいたんですが、今のこの色をそのまま復元するとだめで、これがもともとどんな色だったか遡って復元する、その塩梅がとても難しいとおっしゃってましたね。

幽雪　色を復元するときは、だいたい裏をはずして色を見るんです。表に出てないとこは褪色も少ないですしね。そういうとこでどのくらい褪色してるかを見る。百年一褪色ということを言ってましたけど。百年ごとに変わっていく。褪色の度合いがね、どのぐらいにいくのか、まあ、染料にもよります。

今は化学染料がありますね。昔は、紅は金より高かったんですね。黒紅《くろべに》っていうのは、紅を何回も重ねて黒くなるまでやる。観世流の本来の三番目物は黒紅のものだ、という言い方があるんですけど、黒紅というのは糸をものすごく痛めつけるので、早う弱るんですよね。うちも黒紅のものを一回復元したんです。そうしたら、茶色になったり黒うなったりしてなかなか。同じ図柄が京都国立博物館にありましたけどね。

唐織みたいなものはひとつ作ると、一領だけではなく十領ぐらいは作って、どっかへこう、わからんようにあちこち分かれてるようです。能面でもそういうことがあります。青山の観世銕之丞家にある、『卒都婆小町』に使えるような痩女みたいな、それと同じものが井伊さんや四カ所ぐらいにあるんですよ。同じときに作ったんかなと思いますけどね。うちらでも装束はだいたい型止めというて複製をしないように言います。「この型はもうよそで作ったらだめよ」と佐々木能衣装さんにそう言います。結局ね、そうしないと困るんですよ。一回それでひどい目にあったのは、めったにそんなことないんですけどね、僕の若い時分、『猩々乱《しょうじょうみだれ》』を広島の方で舞うことになって、普通の装束を持っていったらよかったんですけども、こんなん始終使ってるから、向こうでも見慣れてはるやろうと思うて変わったのを持っていったら、それと全く同じ装束があった。地方へ行ったときは代わりがないし、仕方がないので、そのままやりましたが。

型止めというのは、帯でもそうですね。たとえば帯屋さんが、この人のために作ったのやからこの型はもう焼いてしまいます、というようにします。だから一つしかないはずなんですけど、たまにそうやないときがあるんですね。それは皆困ると思いますね。扇もそうです。前は型止めなんて常識みたいなもんやったんですよ、言わなくても。

大谷　他にも、昔と勝手が違ってきて、困ってられることがありますか。

幽雪　扇では、金箔のモミ、というのがあり、揉んだような感じになってるのが、昔はよくあったんです。しかし今はそのモミが出来る人がいなくなっています。知り合いの職人の方が、「昔、職人さんにちらっと聞いたことがあるのを思い出して、素人ですがやってみたんです」というて、この扇をくれました。

大谷　このしわしわっとなっているのがそうですか。

幽雪　そうです。ぴかっと光るよりもちょっとこういうふうに沈んだ感じがええんです。昔はよくあったんです。これができる人が今は一人もいなくなったんです。この扇をいただいたのが舞台の前やったんで、早速『西行桜』の仕舞に使ったら、職人さんに喜んでいただきました。

こういう技術が次々になくなってくるのでねえ。烏帽子類も出来へんものが出てきたりねえ。烏帽子そのものは作れるんですが、ちょっとした端っこの小物みたいなのが出来へんようになってきました。笠も三角の男笠みたいなのは出来るんです。でも、ちょっと反りのあるような笠や女笠ですね、難しいのは。女笠は下から竹を編んでゆくんですが、節のない一定の長さの大名竹《だいみょうちく》が要るんです。大名竹というのは、節が少のうて他にあんまり使い道のない竹らしいですが。この女笠は、編目は上手に出来てるんですが、ここが角張ってカーブが出てない、と言うたら、もう一回作り直してきたものです（図35）。そしたら目が粗いんです。竹の切り方が太くなってます。この笠が重いのは、竹と漆が重いんでは。竹の削ぎようがね。こっちのは削ぎようが比較的薄く出来てるんですが、編目が粗いんです。

大谷　この古い笠は軽いですね。『卒都婆小町』は、こんなんがよいですね。

幽雪　江戸の中頃ぐらいのものと違いますか。特に老女物に使うのは老女笠と言うてます。笠を一つ一つ入れてる箱は、寸法に合わせてうちで作ったんです。

大谷　笠一つでも、いろんな技術の粋の集積ですね。

幽雪　そうですね。この笠が注文して作った最後のもので、これだけ細かい編み方はもう出来ません、と言われました。最近は笠を注文して作ったというのは聞いたことがありません。笠を作るより、ウチへ借りに来た方が早い。私がいちいちこだわるさかい、これだけ出来てきたんですけどね。笠はこの他、蔵にまだ六つほどあります。

図 35　片山家の女笠

大谷　そうですか。ここに七つ出して下さっていますから、合わせると十三ですか。

幽雪　それに井上流のが三つ四つあります。蔵にはその他小道具などぎっしり詰まってパズルみたいになってます。私は、どこに何があるか分かってますが(笑)。装束なら一応、二階には古い厚板、唐織をしまってます。唐織は紅《いろ》ありと紅無し、ツレ用と分けていります。蔵の物は一日がかりで出し、蔵を掃除して一日乾かして、それから蔵を閉めて燻すんです。それから蔵を開けて半日ほど空気を通して、拭いて、翌日、小道具から入れていきます。その間、小道具は稽古場の舞台いっぱいになります。ようこれだけ入ってたなと思うぐらいです。そういう虫干しは毎年八月一日から十日までの間にしています。

図36　翁烏帽子の紐

大谷　幽雪さんは手が細かくていらっしゃるのでしたね。

幽雪　翁の烏帽子は本来、翁をやる人が和紙で作ってたんです。昔は、翁は観世太夫しかせえへんかったから、観世太夫が自分で作ってたわけです。今は皆、組紐を使ってるようですが、私は自分で作っています。和紙で作ると、ピンと張ってきれいです(図36)。

幅七、八分ぐらいの薄い和紙にごく薄う糊を引き、細い麻縄を芯にして巻いていってこよりを作っていきます。今は、こよりを作れる人もいませんが。僕が何でこよりを作れるか、というと、お光ばあさんが煙管《キセル》で煙草を吸うてて、その掃除にこよりが要るんです。それに書類綴じてあるのが、昔はこよりでしょ。それでこよりを作れるようになった。こよりをこのぐらいの長さ(と両手を開く)まで作って、乾いたら、観世撚りといってそのこより二本を撚り合わせていきます。それを翁の烏帽子の紐にします。紐は二本要るので、翁の烏帽子の紐には、こよりが四本要るんです。触ってみると、固いでしょう。これを六組作っておきました。四、五年使っても切れません。新しい年には新しい紐を使うのが本当はいいんですけどね。繊維のない紙では出来ないし、厚かってもだめです。京都にはまだ紙屋さんがありますが、しかし、こよりが出来る人はもうあんまりいませんね。

大谷　私が子どものころ、母からこよりの作り方を習ったのは、七夕で願い事を書いた短冊を笹に吊るときでした。

幽雪　幣《ぬさ》も自分で作ってます。これは誰からも作り方を習ったことはありませんが、分解してみたらすぐ分かりましたから。越前和紙を買うて来まして、障子紙を切る刀で切っています。カッターでは切れません。作った幣は、(梅若)玄祥さんや宗家に差し上げました。幣も、翁の烏帽子の紐も、十二月二十八日までに作らないかん、と母に言われてました。二十九日に作ると「苦が付く」と言うて。

大谷　ああ、同じ理由でしめ縄を二十九日にかけてはいけない、と教えられてましたね。

幽雪　ええ。しめ縄も二十九日にはかけしません。

睡眠は五時間

幽雪　睡眠時間は短いですね。だいたい、五時間ぐらいですね。十八ぐらいから東京へ通いましたでしょ。毎晩夜行で行って、朝着いてお稽古して、泊まって翌朝、東横線の多摩川まで朝早うから稽古でしたし。母も朝が早かったんで、ぐずぐず寝てたら怒られました。遅くても七時には起きてます。お能があると、「楽屋は一刻前」て昔から言われています。一刻とは二時間ですから、二時間前に楽屋へ入ります。直前にものを食べたら声が出しにくいですし、そういうときは余計に早く起きます。

『翁』のときは〔楽屋入りは〕もうちょっと早いですけどね。

私は、毎朝、たわしで全身を真っ赤になるほど擦るんです。柔らかい肉のところも。全身です。四十前ぐらいからしています。ちょっとたわしをお見せしましょう。

大谷　わーっ。こんな硬いのんで擦られるんですか。

幽雪　風呂を洗うような、大きいたわしです。柔らこうなったらすぐ替えます。これでひと月半からふた月、もちます〈たいてい幽雪さん自身がたわしを買いに行くが、お手伝いさんが代わりに行ったとき、その荒物屋の主人が「このたわしはね、このご近所の人間国宝の方が使うてる、ええたわしですよ」とすすめたという〉。このくらい力を入れんと、赤くなりません。

第六章　忘れ得ぬ人々

野村得庵さん

〈野村証券、旧大和銀行などの創業者で本名、野村徳七。一八七八―一九四五。そのコレクションをもとに野村美術館が一九八四年、開館〉

大谷　野村家の虫干しにお手伝いにいらっしゃって、だいたいご自分で目録が作れるくらいになったということですが。

幽雪　あれは、野村家に「虫干ししましょうか」と言うて、さしていただいたんです。あちらはいろんなお蔵がいくつもありますからね。そういうとこで、ここに面がありますよということで出てきたのが、伊勢の有名な座の翁の面であったりとかね。森田流の三老女の笛が出てきたりとか。「関寺」「檜垣」「姨捨」とそれぞれ三老女の銘が付いているんです。一度、養成会で笛の話があったときに、僕がお借りしてきて展示したんです。観世会館の二階で。(杉)市和さんとこからも持ってきていただいて。笛の話を(森田)光春さんからしてもらって。亡くなった(四世)千作さんは笛が得意やった。それで「ちょっと吹いてみよ」と吹いてられました(笑)。音はちゃんと出てました。いい笛かどうか、鳴るか鳴らんか僕らにはわからへんですけどね。ただそういう由緒のある、先々代より前、(十三世家元)大倉六蔵先生ぐらいの時分ですかの大倉流の小鼓とかね。やっぱり終戦の年、どこも困ったわけですよね、僕らは。そういうときに、そういう物を渡してお金を借りたんですね。そういうときに入った物を返してほしいと言われても、いったん買ったものは、野村家としては売らないということで、大倉流の鼓胴の大桜小桜とかね。そういう銘のあるものがありましたね。ちゃんと調べて目録作ったらええやろなと思うんですけどね。まだ美術館もなかなかそこまで手がまわらないんじゃないですか。それに美術館の物と野村家の物がありますからね。

大谷　所蔵が違うんですね。

幽雪　うちは、装束をお借りするときや、長絹を『檜垣』のときに復元したいとかいうとき、許可を頂いたんです、野村家から。美術館のもお借りできて、非常にありがたい。しかし誰にも、というわけにはいかんのですよね。誰々に貸したのに誰々には貸さない、ということになってもいけませんでしょ。うちはたまたま個人的なお付き合いがあるさかいにお借りしてるという状態です。

大谷　野村得庵さんの時代から、野村家と片山家とはお親しいのでしたね。

幽雪　得庵さんが先々代の観世左近先生についてお稽古をしてられて、時々父や杉浦友雪さんが代稽古に行ったりしてたわけです。今のようにテープのない時代ですから、レコードに一回ずつ、お稽古を録音しているのです。それは、お宅まで録音の機械を持って技師が来はったんやそうです。現場を見てませんけどね。凄い話ですよね。お稽古を録音したそのレコードがたまたま、高雄口の私の家に十二、三枚程度ですけど、残ってたんです。この前、野村美術館から得庵の声が聞きたい、と言うてこられたんで、CDに変換してお貸ししたんです。そしたら、「子方の声が入ってた」と。僕の声です(笑)。

大谷　一回一回の稽古を技師を呼んで録音されたのですね。凄い財力ですね。

幽雪　非常に熱心に稽古をしてられたんでしょうね。

大谷　それをまたお家で聞いてられたということですね。

幽雪　そうでしょうね。得庵さんには、丸太町の能楽堂を、終戦前に直して頂きました。食堂を二階に作って頂いたり、玄関のあたりを直して頂いたり。経済面で随分応援をして頂いたようです。私ら詳しいことはよくわかりませんけど。

大谷　丸太町の舞台の手直しに助力されたこと以外に、何か得庵さんのことで聞いてられることはございますか。

幽雪　当時はよくお素人の紳士能っていうのがありました。野村さん主催の紳士能では、紋付や何かを皆、書生に至るまで作ってくれはったりとか。そういうことがあったようですね。私ら子どもでしたが、子方で出たご褒美に小さい、それこそ今考えたらどんなんやろうと思いますけど、このくらいの小さいカメラをいただきました。大きなご褒美ですよね。

宮辻　当時高価な物でしょう、カメラって。

幽雪　簡単なカメラやっていうことでしたけどね、もうそれどこいったやらわかりませんけど。

大谷　そのカメラで何か写したりなさいましたか。

幽雪　そんなの使えやしませんやん、まだ小さいから。子どもですもんね。野村さんのお宅の庭の池に、屋形船みたいな、結構大きな船が浮かんでました。寄せてあるわけです。紳士能のときなどそこをお茶席にされてました。他にもお茶席はいくつかしつらえてありました。十六ミリの映像には緋毛氈が敷かれ、床几がたくさんあって、そんなところへ芸妓さん達も皆そこでお茶をよばれたりしているのが映っています。豪勢やったみたいですね。

野村家のお舞台は表の玄関の方にありました。小さな敷舞台ですけども、橋掛りもついてました（図37）。そこから三間くらい離れて御殿というのがあり、舞台が見えるわけです。私も一、二回、自分の後援会能でお借りしたことがあります。御客さんも御殿や庭に入って頂きました（図38）。美術館のすぐ隣に大きな門がありますわね。それが野村家の表門です。そこへ入ったところすぐに舞台があるんです。母（四世井上八千代）もそこで何か舞ったそうです。今もあるそうですが、使われていないようです。

大谷　ご先代のときは、そこで定期的に野村家主催の能が催されたのですか。

幽雪　多分、そこではそんなに、お能というほどの物はなさっておられないでしょう。橋掛りが短いですし。舞囃子とかそういうふうな会で、半分園遊会みたいなもんですね。色んな方が見えていたようです。正式のお能っていうとやっぱり丸太町の舞台でやられたみたいです。『安宅』とか『屋島』、『鉢木』とかそういうお能を丸太町の舞台でなさったようで、シテ姿の大きな像が残っています。ご自分の会では、先生方に紋付を配られるのです。紋は野村家の紋です。スケールが違いますね。その時分、能役者は紬の紋付で、羽二重ではなかったと思います。

大谷　『安宅』の像は今、一般の方が入れる美術館の中にありますね。野村得庵は茶人としても名

図37　野村別邸碧雲荘の舞台(『百万』野村得庵追善会 1953年)

図38　碧雲荘庭園にて

図39　茶の稽古

を成した方ですね。

幽雪　藪内流ですね。お茶のお道具は、能装束とか能面とは比べ物にならないほど多いんじゃないでしょうか。美術館に展示してあるのを時々拝見に行くと、やっぱり凄い。一つの物だけでも何種類もありますでしょ。

大谷　お父様はお茶をなさっておいでだったのですか。

幽雪　いや、そんな。お茶は頂くだけで、お茶のお稽古をしてたという話は聞きません。お茶を「習いに行きなさい」と言うたのは、観世元義の嫁さんだった光子ばあさんです。おばあさんは、表(千家)さんをやってたみたいですね。僕は若いころ、裏(千家)を習って、それから表さんの方にお茶を習っておりましたけども(図39)。籍だけはまだ残ってますね。得庵さんは、印象としては大きな顔の立派な方でした。

大谷　片山家は、画家の須田国太郎とも御厚誼がおありでしたね。

幽雪　須田さんの奥さんがうちへ稽古に見えてて、なかなか上手な謡でした。しかし国太郎先生がも一つ上手でした。なかなかええ舞台でした。高岡鵜三郎さん(シテ方金剛流)に習われていました。一回僕も聞かせて頂きましたけど、ええ謡でした。以前、芝原嘉兵衛さんという、煙草で大きな財をなされた方が京都におられて、戦後に紳士能みたいなのをちょっとやったんです。そのときに『融《とおる》』の舞囃子をなさって稽古したんです。「忘れて年を経しものを」っていうそういう謡がね、いかにも『融』の謡はこういうふうに謡うのかなって、稽古してる方から教えられたような感じがしたことがあります。昔の人は随分稽古したんやなと思いました。後シテのああいう「忘れて年を経しものを、また古に返る波の」っていう太鼓地の拍子合わずの謡を謡ってゆくところ、その、合わへんのやけど何か合うてるという、その合い方がお上手でした。若い僕らには難しいところが、むしろ稽古をつけられてる相手の方が上手なわけですわ。やっぱり基礎的にすごくきちんと習ってられるな、と思いました。

大谷　紳士能というのは、時に、とってもよかったんだということはよく聞きますけど、どういうよさなんでしょうか。

幽雪　こういう人は特別なんですけどね。中には天狗さんでどうしようもないような人もいはりましたけどね。お茶と謡の会というのがあって、僕ら行ったら、まだ紳士能の流れの人がいられるわけです。で、謡を謡って休憩したいと思うところに、お茶席へどうぞと。そんでまた次、謡が始まるわけです。最後で僕が試されたのは、宴会でお吸い物のお椀が出て、蓋をお開けになった物をお謡いくださいと言われたんです。お椀の中に、お能にちなんだ蒔絵が描かれているんです。ぱっと開けたら『舎利』だったと思う。それで「お謡い下さい」と言われて、しょうがないから『舎利』の「栴檀沈《せんだんぢん》瑞香《ずいこう》……」という仕舞のところをちょっと謡いました。「御苦労さまでした」ということで、後は誰も謡わへんのですわ。僕だけ謡わされて。試されたような（笑）。

大谷　私が学生のころには、京都の古道具屋さんには、そういう謡の蒔絵の施されたのが時折並んでいましたね。全部は買えないからその中のいくつかを選んで買いました（笑）。でも、あれは全部買わなきゃ意味がなかったんだと、今になって残念に思いますけどね。

幽雪　あ、そうそう、高雄口の家には、古いレコードもあるんです。先々代の金剛巌さんが、『姨捨』の一調を謡っておられるレコードとかもあります。ああいうのは一回聞きたいんですが、蓄音器自体がなかなかありませんから。

生島遼一さん

〈一九〇四―九一。フランス文学者、京都大学名誉教授〉

幽雪　元々、大阪で大槻さんの一門の方に習っておられたんですが、空襲で焼け出されて京都へ来られたんです。それからうちへ稽古に見えておられました。八坂神社にある能舞台で、毎年正月三日、うちのお素人の会があり、舞囃子などをしていました。それに出られる前にうちで稽古をされていました（図40）。生島先生の奥さんもお稽古に見えてまして、須田さんの奥さんはじめ錚々たる方が、大きな火鉢を囲んで当たっておられた。そのころやはり稽古に来ていたうちの家内は、畏れ多くてそこへ近寄らず、部屋の端っこで火鉢に当たらず座ってたということです（笑）。

父が入院していて私が生島先生の稽古をしたこともあります。毎年、年に三番ぐらい能を舞っておられました。お素人の方は普通、能を何年間かお稽古されてから一番舞われるわけですから、生島先生はトップクラスでしたね。レベルも割合高かったです。私と家内が結婚したときの仲人をしていただきました（図41）。

図40　幽謳会新年会（1958年1月）

図41　結婚式（1956年2月）

大谷　京大の仏文の先生をしながら年に三番も能を舞ってらしたんですか。いいですね、昔は。定年後の話じゃないんですね（笑）。

幽雪　一月二日に年始に回るんですが、生島先生のお宅へ伺うのが一番最後で、朝九時ごろから回っても、先々でお屠蘇などいっぱい出ますでしょ、夕方の五時ごろになるんです。それからお能の話が延々と続くんです。待ってらしたわけです。私も七時ごろまで居たんじゃないですかね。あそこはどのようにしますか、と型を訊いたり、大阪の話などで、決してフランス文学の話なんかは……（笑）。

大谷　フランス人は能が大好きですね。昨日、京大でストラスブール大学とのワークショップがあったのですが、その中でフランス人が二人、能の発表をしました。一つは世阿弥の伝書、一つは業平を主人公とする能について。フランス側の研究発表五本のうち二本が能についての発表でした。フランスの日本研究者は能に強い関心を持っています。私は「どうして日本人はもっと能に関心を持たないのか」と訊かれました。生島先生にお伺いしたかったですね。どんな目で能を見ておられたのか。

幽雪　僕らとは、一人のファンみたいな形でお話しされていましたね。

武智鉄二さん

幽雪　戦争中に父が武智造船所に徴用逃れのために人事部長で入れてもろうて、毎日、型付を書いてたというんですが。そのころは、僕はお目にかかってません。

僕が一番武智さんと深く関わったのは『能・狂言様式による　夕鶴』（一九五四年）ですね。僕がつうの役で、この舞台で稽古があったんです。そのころは他の稽古はないですから、毎日『夕鶴』の稽古とか、それこそ(原作の『夕鶴』の音楽を作曲した)團伊玖磨さんが、ここへピアノやら何やら持ち込んできて、節付はしたわけです。一応八つ割りにしたんですけど、囃子方と音楽の方と合わすわけですね。向こうはちゃんとこうピアノで演奏する。囃子方も一応、音階は調べてる。僕らはそんな音階なんかわからへんのやけども。ヨオホオホオと、やってるとまあ向こうと合うんです。で、本番になって気合が入ったら、そうはいかない。それで夜遅くまで稽古をし直しました。『夕鶴』の稽古では、武智さんが台詞を一から十まで直していかれるわけです。そういうすごい稽古でした。

つうは花道から出てきて、子どもをあやす場面があるんです。それが、僕が面をつけてやると、変に面が歪んでおかしいんです。で、母親(四世井上八千代)が面つけてやると、身体全体がそうなるのか、どうもないんですよね。それを武智さんに指摘されるわけです。「お母さんと同じにやれないか」と。つうの舞の場面は能の舞ですから、武智さんも細かいことはあまりおっしゃらず、私が好きなように序ノ舞みたいなのを少し短くしたりしてやってました。惣ど、運ずが野村萬(当時、万之丞)さん、野村万作さん、与ひょうが(茂山)千之丞さんでしょう。すごい人ばっかりに囲まれてるわけで。私はまあ一人つうの役をしてればいいので比較的絡みはないわけですよ。言葉は一つもないですからね、つうの役は。そういうこともあり、武智さんからの指示は、先に挙げた他にはなかったですね。つうをやることに、僕は抵抗はなかったんですけど、そういうのが回ってくるとは夢にも思ってなかったんで。来たらそれはそれなりに、自分で何とか消化していきたいと思っていました。『夕鶴』と同時上演した『東は東』(岩田豊雄作)の稽古もここであり、萬代《よろずよ》峰子さんと(茂山)千作さんもここへ来ておられました。萬さんらもここへ来て、何日か泊まっておられます。

坂田藤十郎さん

幽雪 それから、武智歌舞伎のときにお手伝いしました。出演は、亡くなった五代目中村富十郎(当時、坂東鶴之助)さんとか、今の(坂田)藤十郎(当時、中村扇雀)さん。坂東三津五郎(八代目)さんも指導に来ておられました。『土蜘蛛』が出たときは、先々代の金剛巌さんが来て、「蜘蛛の巣をもっと、ざっとここまで切りなさい」とか、作り方を教えておられました。自分のところの蜘蛛の巣をあんまり取られたらかなわんさかい、隠してはりましたけどね。僕らは藤十郎さんが『土蜘蛛』の胡蝶をされたとき、毎日うちの唐織を持って着付けに行ってました。『船弁慶』のときは、桜間龍馬(後の二世金太郎)さん——弓川さんのご長男ですね、なかなか上手な方でした、僕らより上ですけど。その方がここで模範演技を見せたりしてはりました。

大谷 大分経って『夕鶴』再演をという話が来たときに、頑としてお受けにならなかったとか。

幽雪 やっぱり、昔やったような形の『夕鶴』と、違ったものになっていくんやないかなと。周りの人も、役の人も含めて。つうの役が、こっちも年がいってきて、清純とは言いませんけども無垢な気持ちでつうの役に取り組んでた自分が、年が寄ってきて色んなことを考えるようになって、これではつうという役とはちょっと違うのと違うかなと。そういうことで、とても私にはこういう役はでけんなと思って、お断りしたんです。

八代目板東三津五郎さんは父と仲がよかったんです。歌舞伎で『猩々』をやるときにいつもうちの猩々の面を借りにきておられたんです。『関寺小町』をなさるときは、笠や杖を借りにきておられました。面を見ながら顔を作っておられました。父が亡くなったときは、猩々の面を形見分けに差し上げました。

中村富十郎さん

幽雪　五代目中村富十郎さんとは武智歌舞伎以後、あまりお付き合いはなかったんですが、頼まれて御子息の鷹之資《たかのすけ》さんに十歳ぐらいから毎月、仕舞を教えています。平成二十六（二〇一四）年、鷹之資さんは『花月』と『松虫』の仕舞を舞いました。

富十郎さんの会である矢車会で平成二十一（二〇〇九）年五月二十七日、歌舞伎座で『勧進帳』をされたとき、義経役の鷹之資さんに指導するよう（富十郎さんから）頼まれました。約束の日、東京駅で富十郎さんと会うと、「私、体の具合が悪くてこれから病院へ行くので、先生、歌舞伎座へ行って鷹之資に義経を教えてやってください」と言われた。「私、歌舞伎の義経は知りません。どうするの」て（笑）。「杖や笠の持ち方などを教えてやってください」と言う。それで八重洲口のところで少し話してから、私一人で歌舞伎座へ行ったんです。本番前のリハーサルのときも、歌舞伎座の後ろの方で見ていて、終わってから少し「こうしたら」とアドバイスしました。歌舞伎の方がいやはるので、あんまり口を出すのもいかんし、と思いまして。

歌舞伎の『勧進帳』についていつも思うんですが、よっぽど能役者が教えなんだら、あれだけうまいこと（能の要素が）入らんと思うんです。（昔は）歌舞伎役者と付き合うたらいかんとか言われてたというても、見て聞いたぐらいでは、あんなふうには出来へんでしょう。「延年之舞」は、こちらの「滝《たき》流《ながし》」にある程度似ていますね。よく消化してますし、誰か能役者が教えないと出来んと思います。

第七章　三十五番を語る

『翁』

幽雪　僕ら能役者は『翁』を非常に大事にしています。演能前は精進潔斎しますし、別火と言って(『翁』を舞う前の一定期間)食事やお風呂を沸かす火など男手で致します。お風呂の水張るのも、うちの書生(内弟子)がして、これは今も守っています。本当は三七、二十一日、別火をするというのが昔のやり方ですが、もうそれは出来ませんので、前日からその日まで、というのが今のやり方です。片山家では、翁を勤める日は自宅に、にらみ鯛が据えられ、翁を勤めて帰宅すると調理されており、翁を勤めた大夫が最初に箸を付けて、後から皆がいただきます。

面をかけるとき、まず紐を締める位置を決めるために、いつもより少し高いところに後見が面紐を当てるんです。そしたら翁の役者は「つうー」でも「むうー」でもいいんですが、「つうー」と声を出し続け、声が止まるところまで後見が面紐をずらしてゆくんです。声が止まったところで位置が決

図42　『翁』

まると、次に後見は面紐を締めてゆくんです。そのときも「つうー」と翁の役者が声を出し、ちょうどいい締め具合のところで声を止めます。そのとき、後見も締めるのを止めないかんわけです。声を出してる間はゆっくり締めてるので、それより先まで行ったら(面紐の締め方が)固過ぎることになるわけです。全部出来上がったら、後見が翁の役者の肩にちょっと手を置くんです。舞台の上で「付けました」とかしゃべれませんから。

　翁は両袖を返して大口の後ろを持って、左一足を出して右膝をドンと突いて座る。その音で面箱持ちがこっちを向き、面箱を捧げ持ってきます。そして翁面を面箱の上に取り出して据える、面さばきと呼ばれる動作が粛々と行われ、整うと面箱が差し出されます。このとき、あんまり近くへ面箱を置かれると困るので、そのときは、構えてる扇で抑えます。モノが言えませんから。これ以上近くへ来ないように、と。そういうのは心得として知ってないと。構えた扇の先に面箱が当たるぐらいがちょうどいいですね。扇が当たらん、遠い、というときもあります。そういうのは申し合わせのときに言います。面箱持ちもちゃんと心得ていないといけません。

普段は翁舞ってやらないでしょ。僕もそれまで千歳しかやってなかったので、初めてのときは「難しいな」と思いました。翁舞それ自体はそんなに難しいものではないのですがね。ただ――私は観世雅雪先生に習ったんですが――一つずつ足を合わさなりません。角《すみ》へ行く足数が何足、て決まってるんです。また、角は左足で止まるけど、脇座の面箱の横で止まるときは右足で止まるんです。（天地人ノ拍子のうち）地の拍子は右で踏みますので。そやから足数が決まってくるんです。小鼓の手組が決まってますでしょ。足数を間違えると、待ってんならんことになります。しかし足数を合わすことばっかり考えて舞が小そうなってしもたらいかんのです。おおらかな、厳粛な感じで運べたらいいな、と思います。型としては、天拝といって上を見るような型や地拝という型があります。これらの型は『翁』独特ですね。

翁は必ず左足から歩きます。千歳は右足から歩いて右足で止まります。ただし翁帰りのときだけ翁は右足から帰り、千歳は左からになるんです。これには、左が重い、という考え方があるのではないでしょうか。

大谷　世阿弥の伝書でも左右左《さゆうさ》を重視しています。天から舞が伝わったときに左右左の舞が伝わったんだという伝承を記しています。神主さんのお祓いも左右左と伝えられているそうですね。

幽雪　『翁』の稽古をしてください、て言われてもね、『翁』の稽古なんて出来へんのです。普段、ずうっとやってきたものが『翁』の中に入ってくるわけでしょ。『翁』やるほどの人なら。今さら、歩き方がどうとか言うてもね。地謡は颯爽としてなければ。声を聞かせるという謡でもないですが、全体が張りのない、べちゃっとした沈んだ謡では『翁』の謡にはなりません。「とうとうたらり」でも二回目の「とうとうたらり」は、ちょっとノッたような感じで謡う、とか。

千歳を披いたころ、声変わりのころでしたが、高雄口の家で謡を稽古していると、座布団を積んである上に居る猫が、私が謡うと、ちゃっと肩に手を置いてくるんです。耳障りの声やったんかな、と（笑）。

大谷　『翁』は（神道の）吉田家から伝授を受ける習慣があったようですが。

幽雪　そう伝わっていますが、今はお参りして伝授を受ける、ということはしていませんね。親父のときもしていませんでした。明治の初めごろまでだったんじゃないでしょうか。

『葵上』

幽雪　『葵上』で一番苦い経験があるのは姫路です。移動芸術祭か何かでしたが、膝を立てて座ってて、クドキが済んで腰を上げるときに、ドスッとお尻を落としたんです。それが自分ではものすごいショックで、それから『葵上』をやらんようになってしまいました。六十代で、まだ足も弱ってなくて、別にひっくり返ったわけでもないんですけども、自分ではそんなことになるとは思ってなかったんで、非常にショックやったんです。それ以来、『葵上』は自分の中で禁曲にしてしまいました。

自分に合う曲やと思っていて、それまでは割合よくやってましたが。

シテ（六条御息所の生霊）が、小書「梓之出《あずさので》」で黙って出てきて、というふうに何もない空の間を生かせたらいいな、というところが沢山ある曲ですしね。あんまり荒くならないように、品よく、強く、ということとです。

六条御息所の生霊が病床の葵上を打つところは、舞台で出小袖《だしこそで》を打ちますが、あんまり強くは打たないですね。気持ちをこめて一つなんです、打つのは。このごろ、二つ打ってる人もいますが。

枕之段のところは、「沢辺の蛍の影よりも」のあたり、蛍が飛んでるみたいに面を使うわけですね。

図43　『葵上』

回ってきて、どうしてもね、舞台の小角《こすみ》あたりの位置で「止まらんならん」と思ってしまうんです。それが私の悪いクセでね。計算し過ぎるんです。そこまで考えんと行ってしもて止まったらいいんですよ。それがもうあと一、二足のところで、ちょっと緩まる。ズバッとしまいまで行きたいな、と思うんですけど、加減してしまう。二代目の金剛巌さんは思い切りのええ人やったから、うわーっと行ってしまう。それで破綻が起こるときもありますよ。しかし、なるほどそういうことも出来るのやな、と思いました。

『葵上』というと、寿夫さんのイメージがずっとあります。名人やったと思います。戦後何もない時期に華雪先生にずっと習っておられたんやから。出て来られて、「それ娑婆電光の」と謡い出されるきっかけとか、枕之段の動きもとてもきれいでした。『道成寺』でもそうなんですが、後シテが、特に祈リは、よくない人が多いです。しかし寿夫さんの場合はそんなこともなく、後シテもやっぱり凄い、と思いました。よくない、というのはね、ただ型付通りやるさかい。ただ型付通りにやるなら、特に祈リなんてどうっていうことないんですね。ワキに祈られて自分が倒されてきて、その反発みたいなもんで、再び起き上がるわけです。自分が祈られて、その反発みたいなんで自然に上がってゆく、というのが僕らの教えで、そうしたい、と思っています。若いころの話で、また金剛流のどなたの舞台かは忘れましたが、ワキに祈られたとき、だんだん沈んでいって反発して起き上がるとき、こう肩を先に上げはった。そうすると分かりやすい。

「あっち(金剛流)は肩を先に上げる。あれもいいな」

と言うたら、隣に居た母に、

「そんなら金剛流におなり」

て、言われた(笑)。寿夫さんはそんなことしやはれしませんのやけどね。

『葵上』の祈リは『道成寺』と違うて、少し静かな祈リです。そういう難しさもあります。ワキに祈られて反発してかかってゆく、というような所作が荒くならないようにせないけません。『道成寺』

と同じようにならないように。『安達原《あだちがはら》』の祈リが一番荒いでしょう。『葵上』が一番静かな、しかし内に力をこめた祈リですね。

小書では「空之祈《くうのいのり》」が一番難しいでしょうね。ずっとワキが付いて回らんと、シテ一人で橋掛りまで行きますでしょ。橋掛りで見込んだり、そういうところ、ワキが普通の祈リみたいに付いて回らへんので、一人で祈リの場を持たさんならん。内的な力を保つのが難しいでしょうね。「空之祈」では「南方軍荼利夜叉《なんぼうぐんだりやしゃ》」をシテが謡わんと、ワキに謡っていただいてたんですけど、福王流は正面向いて拝んでるんです。ところが宝生流の方と初めてしたとき、ぐるっと回りながら謡っていたので、違った型があるなあ、と思いました。

大谷　いい『葵上』を見ていると、六条御息所が可哀想で可哀想で、シテの苦悩、その負のエネルギーに打ちのめされそうになりながら、でも、いつしかワキと同化してこれに対峙していることがありますね。

幽雪　西本願寺の鴻の間で蠟燭能の『葵上』をしたことがあります。私の後援会能でした。暗いので燭台の他に、十ワットぐらいの補助光を天井のあちこちに付けたんです。ところがそのころ、NHKが伊勢神宮の御遷宮の撮影用に暗闇でも撮影出来る高感度カメラを開発し、そのカメラを持ち込んで、NHKの人が補助光のコンセントを全部抜いてしもたんです。「燭台だけでええ。要らん電灯が点いてる」と、事前にこっちに何の相談もなく。能が始まったら、私は舞台で何も見えへんのです。燭台は蠟燭能の雰囲気を作っているだけで、灯りとして頼りにはなれへんのです。足裏のざらっとした感触とかで位置を考えて舞いました。後日、私は見てへんのですけど、テレビで放映され、きれいに映ってたそうですが、『葵上』はいろいろ難儀しています。

『阿古屋松《あこやのまつ》』

〈公の上演記録のない廃曲であるが、世阿弥の自筆本が残っている。京都観世会では幽雪のシテで平成二十四(二〇一二)年六月十七日、京都観世会館で復曲試演の会を行った。研究スタッフは西野春雄、味方健。また、観世流シテ方二十六世宗家、観世清和が同年四月二十七―二十九日、国立能楽堂で復曲。研究スタッフは松岡心平。奇しくも東西で復曲競演となった〉

幽雪　この曲は京都観世会で復曲を毎年やってゆくという企画の最初です。九郎右衛門からやってくれ、と言われたときは、本番まで一年なかったと思います。「難しいな」と思いましたが、やらんといかんな、と思いました。稽古は毎日しました。家元の方は、どこも抜かずに全文上演されました。私達は、現代の上演に合わせて本を吟味し、冗漫に思われる部分は、世阿弥さんが言うてられるように、「切りのけ切りのけ」して、上演しました。

舞は、翁舞のもじりのような型を入れてワキへの移り舞のような形にしました。最初、シテの私が正面へ出て行ってイロエのような所作をし、そのまま舞に入り、途中から移り舞のような形でワキの宝生欣哉さんが舞い、今度はそれをシテの私が床几にかけて見ている、という形にしました。

変わった形をしたのは「千年の緑手に満てり」というところで、両袖を巻いて上げ、山の字の形を作りました。それが大きな形に見えたら、と思ってのことです。

大谷　あそこは『高砂』と同じ詞章ですが、『高砂』と同じ型はされませんでしたね。面は、彩色が剝落した翁面ですか。思い切った面の選択をなさいましたね。地主神のイメージをあの面で表現されたということでしょうか。

幽雪　あの面はよかったか、悪かったか(笑)。ちょっと黒過ぎたと思います。京都観世会館でなく、もっと古い能楽堂なら合ったかもしれません。私が昭和四十(一九六五)年ごろ、求めた面の一つです。室町時代のもので、その彫りに惹かれたんです。一度、翁で使ったことがあります。翁の面で、目が少し上がっていますが優しい感じで、父尉の感じがあります。色も黒いし、これを使ったことで違和感を覚えられた方も居られたかもしれません。

それにあの面は見えにくい面で、舞台の端近くまで出てゆくのはちょっと怖かったです。

図 44　『阿古屋松』

狩衣は、うちの深井の面が入っていた袋を復元して作ったんです。それ以後、その狩衣は使ってませんが。そんな無駄遣いをしています（笑）。

家元のされたのも拝見しました。真ノ序ノ舞の形で静かにきっちり全部なさって、私のとは全然違うな、と思いました。

『安宅』

幽雪　橋岡久太郎先生が確か本願寺の舞台で『安宅』をされたんです。それが力一杯、気張り続けて、というのではなしに、もうちょっと柔らかい謡でしておられて、いかにも舞の『安宅』というイメージが僕の中に残ったんです。なるほど、こういうやり方もあるのやな、と。だから自分が初めて『安宅』をやるときに、先生みたいに舞で『安宅』をしたらええのや、と思ってやったら、見事に失敗しました（笑）。こっちが非力やし大きうもないし、強い弁慶というイメージが湧かなくて、舞を主体にしたらええ、と思ってやったんですが、舞は終わりだけですからね。「九郎右衛門の喜寿を祝う会」（平成十九〈二〇〇七〉年十月十三日、京都観世会館）で舞い納めとなりましたが、これまで「ニンにない」と言いながら、嫌いでもなかったんですね。十回ぐらいしています。

シテの弁慶が前半、富樫（ワキ）らとやりとりするところは、詞《ことば》の能ですから、謡い込んでしまうのではなしに、詞を大事にしてやりたい、と思ってやってました。芝居として取り上げていかんと。

勧進帳は三読物（『安宅』勧進帳、『木曽』願書、『正尊《しょうぞん》』起請文）の一つですが、三読物の中では『木曽』の願書が一番難しいでしょう。ヤマが勧進帳ほどないし、そのくせ長いでしょう。勧進帳の場合は富樫が相手にいますけれど、願書は相手がおらず一人で読みますでしょ。やっぱり勧進帳がやってて一番面白い。ワキがちょうどいい具合のところに来てくれはったらいいんですが、顔を突き付け合うところまで来やはる方も居て……（笑）。あんまり勢い付けて来やはったら、こっちもやりにくいし、近づいてくるのもあんまり速く来られるとね。富樫は弁慶に気付かれんようにくるので、その辺がねえ、ワキも難しいと思います。そういうのは他の人の舞台をせいぜい見てたら分かるのでね。

図 45　『安宅』

弁慶の男舞は勇壮な舞を心がけます。普通の――『芦刈』などの男舞とは違いますしね。男舞の最初は「山伏ガカリ」と言いますが、簡単に言えば、座って拝をしている時間が割合長くなるんです。富樫の前で舞うわけですから。静かに（拝を）していて、立ってから男舞にかかってゆく。初めから男舞にかかっているわけではないので、そういうところが難しいと言えば難しいのかもわかりません。颯爽としたばかりの男舞ではありませんし。

小書では「滝流」とか「延年之舞」がやってても面白いですね。「延年之舞」は難しいものです。二段のオロシの後、囃子に合わせて跳ぶところですね。正面を向いて袖を数珠ごと巻きます。そこで囃子が急に締まって、大鼓のイキを盗んで、裂帛の気合で掛け声をかけて跳ぶ。囃子との一騎打ちですね。体を沈めて、「今跳びますよ」という形に見えたらあきません。そうならんように、一瞬のうちに跳ばんと。跳ぶ前にずっとおなかに力を入れて気張ってないと。そのときだけ力を入れるというわけにはいきません。

「延年之舞」では跳ばない型もあります。稽古でやってみたんですが、「エイ」と言うなり右向いたり左向いたりするだけです。それもありでしょうが、「喜寿を祝う会」ではやっぱり跳びました。あれはよっぽど体が動かんようになってからの型でしょう。

義経役の子方の教え方は、ヘンに作ったことを教えないで、子方が素直に、一所懸命やるように持ってゆくことでしょう。子方には力押しで——こっちが精一杯稽古をする形でないと、あきませんでしょう。子どもは、こっちが力を抜いたら抜いた通り、力一杯謡えばその通り返してきます。稽古の段階では子方には全力投球で稽古しないと。素直に力一杯、言われたことをきっちりやってゆく、というようにさせることが一番大事です。ことに僕らが気にするのは、「甘えた声」みたいな謡い方を絶対させない、ということです。赤ちゃんみたいな謡い方は絶対ダメ。それは教える側の責任ですね。

僕は九郎右衛門が子どものころから、蹴ったり叩いたり、厳しい稽古をしてました。もっとも僕が子どものころは、そんな怖い稽古は受けてません。親父さんは稽古嫌いでしたから(笑)。「稽古嫌いの弁」て、本(『藝道一路』)に書いてるぐらいですから。それをお素人の弟子に配ってるのやさかいねえ。今ここにいた、と思うたら、もう「一力」に行ってる。こないだも「一力に通うのを少し減らして、勉強しなさい」という先々代の家元からの手紙が出てきました。このころから怒られてんねやなあ、と思いました(笑)。

『井筒』

幽雪　『井筒』は二十五、六ぐらいのときから何回もやってきました。初めてのとき、三番目物は難しいなあ、と思いました。三番目物はよう似合う、と言われますが、自分では四番目物の『自然居士』や『善知鳥』などが好きですね。

『井筒』の謡で気を付けるところは、後シテのサシの「徒《あだ》なりと名にこそ立てれ桜花年に稀なる人も待ちけり」のところです。これは歌でしょ。「かやうに詠みしも」からちょっと気分が変わる。それから「真弓槻弓」のところは本バリという高さに変わってゆくんです。サシの謡というのは、普通の上音より少し低いんです。それで出て、本バリという本当の上音の高さに上がってゆく、そういうところで悲鳴を上げてはいかんのです。

それから序ノ舞になる前の謡「恥かしや。昔男に移り舞」は、序ノ舞に移れるような謡に変わっていかなあきません。そうでないと、お囃子もそれにのれませんし。「徒なりと名にこそ立てれ」から「恥かしや」まで、お囃子のクサリ数がほぼ決まってるわけです。囃子の盛り上がりの中に自然にはまって謡ってゆくということは、なかなか難しいんです。それが若いころはイキも分からず謡うてますやろ。お囃子の手配りもあって、その中でそういう謡を謡うていって、お囃子が序ノ舞のお囃子にうまく移っていけるようにね。慣れたら何でもないことなんですが、初めはなかなかそうはいきません。お囃子の手を知らなくて感覚でやれる人もいますが、やっぱりお囃子を知ってなあきません。お囃子を知ってても、それに捉われたらあかんのですよ。お囃子を知ってて、そこから自分の謡を謡わなければ。身にまとった業平の形見の装束を通して業平と一体化してゆく、その恍惚感みたいなものに謡も囃子も向かって気持ちを高めてゆく。その沸点に達したところで序ノ舞に入ってゆく、というのが一番いいでしょうね。

『井筒』のクセでも、中途半端にお囃子を知ってて、謡がべったりくっついたら、面白ないんです。こっちはこっちの謡をちゃんと謡って、お囃子も生かして、という謡い方が出来たら一番いい。逆に、お囃子があんまり謡を知らはれへんと、こっちがイライラするときもあります。もうちょっと謡を知っててくれんかな、と。亀井忠雄さん(大鼓方葛野流宗家)らは謡をきっちり知ったはります。お囃子の人も謡をきっちり知ってほしい。

序ノ舞の序破急

幽雪　若いころは、序ノ舞自体が分かってなかった。ただふわあっと舞うてた時代が長かったですからね。きちっと序破急がいって、足の運びももっとしっかり歩く、というようなことは、もっと後で気が付いてきました。私は大分オクテやった。

序ノ舞はまず足の運びが自由に動かないと。すり足できちっと。それが若いころは型通りに動くだけで終わってました。序ノ舞が舞えなんだら、『井筒』は成り立たんでしょうしね。きちっと歩けるところから始めないかんでしょう。

図46　『井筒』

とにかく必死で稽古しました。四十歳ぐらいのとき、足に錘《おもり》を付けて稽古することを思い付きました。ちょうど鉛の錘を入れて足首に止めるベルトを売ってまして、最初は二キロずつ両足で四キロですわね、それだけの錘を付けて毎日、序ノ舞を舞うたりすり足の稽古をしたりしてました。

序ノ舞はゆっくり力を入れて舞いますが、ただのんべんだらりと舞うんやなしに序破急がありますでしょ。たとえ角《すみ》へ行く間でも序破急があるわけやし。ただ角へ行くまででも、何とはなしに自然にノッてゆくような感じで歩きたい、と思うけれども、それがなかなかうまいこと行かんのです。序破急の付け方は決まってるわけでもないし、教わるわけでもない。自分で考えてゆくしかない。何も考えん人もいるでしょうが。自然にノリがついていって、という動き方がしたい、と思いますけども、もう足が弱るので稽古がなかなか追っつきません。

ですから毎日、自然に舞が舞えるようにと、足の運動をしています。ゴムのチューブを三重にして膝に巻いてから、寝転んで膝を開くのを三十回してます。けど、この間、整形の医者に言うたら、「ちょっと、それ、やりすぎ」と言われました。しかし、それぐらいせなんだら、もう体が動きません。今はとにかく自分で動けるようにしておきたいと、がむしゃらにやってるだけですわ。

序ノ舞が済み「寺井に澄める。月ぞさやけき」のあたりでもいろんなことをしてきました。井筒のそばへ行ったり、真っ直ぐ出ていってお月さん見たり、井筒の中のお月さん見たり。自分で考えてしてきました。

井筒には、薄《すすき》を右に立てるのと、左に立てるのと、低くしてあって座って覗くのとあります。右に立てるなら右の扇で、左なら左手で、除《の》けたらいい。低い井筒で、座るのなら肘をかけたらいい。どっちにしてもそばへ行くときに、あんまり早うから準備したらあかんのです。低い井筒の場合、すうっと傍へ行って座れたら一番いい。座ったのが遠かったら、にじり寄らんならん(笑)。一間ぐらい手前はある程度、薄の穂もあるので位置は分かりますが、後は勘です。覗くときは、井筒の真ん中を見たらあかんのです。真ん中を見たら、自分の下を見てるようになり、面が下向きになり過ぎてしまう。井筒の向こう側ぐらいを見てたら、面が下向きになり過ぎず、井筒の中を覗いているふうにも見えます。これは長年の勘です。稽古してるときは面を付けませんから、分からないですしね。「面影」の後、チョンと大鼓だけ打って「ハ」と言うのと、「ヨー」と言うて「ハ」と言うのと、お囃子の手組はいろいろ違いますけど、間は変わらへんわけです。その間のあいだ、井筒に写る自分の男姿、業平の面影を見てて「見れば(間)懐かしや」と謡う。そういう間が、気が抜けたらあきませんね。座って覗くやり方は、立って回ってゆく段取りが、立ったまま覗くのとでは違ってきます。

『鵜飼』

幽雪　前シテが松明《たいまつ》を振りながら出てきます。幕の中で一つ振って、幕離れで一つ振って、真ん中へんで一つ振って、正面向いてまた二つ振る、と決まってます。この松明の持ちようが、このごろ、皆下手になってるな、と思います。松明は振らんと炎が小さくなるわけでしょ。それを何となしに棒を振ってるようにして出てくる。そうやなしにしっかり振ってほしい、と思うときがあります。

大谷　棒を振るのと松明を振るのとの違いは、それによって火を起こそうとしている気があるのかどうか、ということですね。

幽雪　「鵜之段」では、「小鮎さばしるせゞらぎに」で、松明を持って水面を見るときに、魚が動いているように見える面使いをしなさい、とよく言われています。しかし「小鮎さばしるせゞらぎに」というそれだけの間に、松明をかざして下を見て、左右を見て、三、四足出る、そういうところは技がうまいこといかな、やれませんね。

前シテでは、（殺生禁断の所で鵜使いが発覚し、殺される場面で）「罧刑《ふしづけ》にし給へば叫べど声が出でばこそ」というところは、いつも難しいと思てやってます。後シテの謡では、特に難しい節はありませんが、ただ、きびきびした動きが必要で、しかしそれが軽薄になったらいかんわけです。後シテのスケールの大きな型をしながら、ピリッとした謡を謡う、という難しさはあると思います。

後シテの面に使う小癋見《こべしみ》は非常にきりっとしていて、観世流の『鵜飼』の後シテの面としては一番凄いなと思います。

大谷　世阿弥があの小癋見を『鵜飼』で使い始めたと書いていますね。それまではもっと作りが大ぶりの面だったんでしょうね。

図47　『鵜飼』

幽雪　そうですね。あれもそんなに小さいことはないんですけど。しまりのある面です。

大谷　求心性が強いというか。

幽雪　そうです。あれだけのものはありません。

大谷　世阿弥が小癋見を使ったことで曲が変わったでしょうね。

幽雪　変わったと思いますね。

『善知鳥《うとう》』

幽雪　この曲は、若いときは技でやれたわけです。中身は伴うてませんが。

前シテの老人がワキの旅僧に（自分と会った証拠に）水衣の袖を引き裂いて渡しますが、あれもしつけ糸で留めたり、松葉で留めたり、いろんな方法があります。松葉で留めるのは『善知鳥』だけです。松葉は、糸で留めるよりも取れやすいように使うわけですが、生地によってはなかなか通らないんです。しつけ糸で留める場合でも、結び玉は作っておかないんです。シテが幕にかかってから、後見が何カ所かを、ちょっと切るんです。それで「袖を解きて」というときに引っ張ったら、取れるようにしておきます。そう型付にも書いてあります。

後シテは型も見せ場も多いです。気を付けんならんのは「千代童が髪を掻き撫でて」と、子どもの髪を撫でに行くところです。子方が少し前に出てます。「あらなつかしやと」というときに、杖の後

図 48 『善知鳥』

ろが下がってゆくんです。すると子どもが後ろへ下がって、そこへずずうっとシテがゆくんです。そのきっかけを子どもによく教えてやらんとあかんのです（子どもの髪を撫でにいくが、わが子を愛撫することが出来ない）。

「末の松山風荒れて」のところは、初め角の方を見てるんですけど、続く「袖に波越す沖の石、又は干潟とて、海越なりし里までも」のあたりは、それよりもう一つ向こうの方を、遠くの方を見てます。

カケリは、普通のカケリとは全く違う、鳥を探し求めてゆくカケリです。「さてぞ捕られやすかた、うとう」と非常に高潮した謡の後、カケリに入ってゆく。これは面白いやり方やな、と思います。カケリの終わりも笠を叩きますが、叩いてすっと座って上を見るのと、叩いてそのまま下がって拍子を踏むのと二通りあります。このカケリは難しい、といつも思ってやってます。私はすっと座ってしまう方が多いです。この方が自分としては気持ちが抜けないんでね。

みんなにも言うんですが、『善知鳥』の後シテの杖は力の杖ではないんや、と。地獄へ落ちて永遠に突き続けていかんならん杖です。老女の杖でもないし、老人の杖でもない。そういう様で杖を突いていかんならん、と私は思っているんです。

『阿漕《あこぎ》』『鵜飼』なんかと比べて、技術的には『善知鳥』が一番難しいでしょうね。型が難しいですね。

図49　『江口』

『江口』

幽雪　本三番目物の大曲ですね。謡は特に複雑なものではありませんが、ワキと問答していて「此方《こなた》も名に負ふ色好みの」あたりから調子が変わってきます。遊女から普賢菩薩の位に変わってゆくのは、いつも心してやっているんですが、なかなか難しいです。

博太郎後援会の第二回で勤めたとき、小鼓が幸祥光先生、大鼓が亀井忠雄さんで、笛は当時若手の光田洋一さんにお願いしました。普通なら笛は杉市太郎さんにお願いするところでしたが、そのころ、京都の若い人が東京の先生方と相手されることがなかったものですから。地頭は観世寿夫さんでした。寿夫さんの『江口』はよかったです。

この曲には「平調返《ひょうじょうがえし》」という大変重い小書があります。特にお囃子の大事の小書で、笛の位も変わってくるし、他にも囃子事の特殊演出が付いてくることが多いです。序ノ舞の序の拍子が増え、全体もしっかりしてきます。いつもの序ノ舞と位も変わってくる。それを自分の中で作っていかなければならないし、なかなかやれる小書ではありません。待謡の間に揚幕から舟の舳《へさき》を見せると「平調返」になるという合図です。またクセの中の「六根の罪を作る」で六根拍子を踏むと、これも「平調返」になるという合図となります。私は「平調返」の小書でも何回かやらせていただきました。

『鸚鵡《おうむ》小町』

幽雪　これは華雪先生のときに復曲されたでしょ。そのため、分家の能、という言い方をしていますが、華雪先生の手文庫に、誰が書いたのか分からない型付が残っていて「能でやりたい」と思っておられたそうです。それまでは謡しかなかったんです。二十四世宗家の左近先生も「是非、能としてやってほしい」と華雪先生に要望されたと聞いております。現在物で人間的な老女を表現するという意味では、一番老女物らしい曲目ですね。

華雪先生のは拝見していないんですが、雅雪先生のは見ています。老女でありながら、しっかりした足取り、非常に強い歩き方をしておられたのが印象に残りました。強い歩き方でも老女の足なんや、と。若者のしっかりした足ではなく、老女のしっかりした歩き方なんですね。

「北に出づれば湖の志賀辛崎の一つ松は」とか「東に向かへば……勢多の長橋は」とかの型を、普通は舞台でやるんですが、橋掛りでする型もあるんです。それも一回、稽古能でやってみたんですけど、どうも自分には具合が悪いので、本番はやっぱり普通の型でしました。「北に出づれば」「東に向かへば」というのを橋掛りですると、広がりがないんです。舞台でやると、距離感が出ますけれども。

この曲は、やはりワキ(行家)がしっかりしていないと成り立ちませんね。「雲の上はありし昔に変はらねど、見し玉簾の内やゆかしき」という帝の歌を二回、ワキが謡いますでしょ。一回目は小町を訪ねてきて、帝の歌を伝えるとき、二回目は「ぞと云ふ文字こそ返歌なれ」という小町に促されて。どちらも節は同じですが、二回目の方を少し張って謡うとか変化がないと、同じように謡っては単調になってしまいますね。

図50　『鸚鵡小町』

もちろんワキに限らず、謡が大事ですね。工夫されています。素謡で、はやっていたらしいですし。ヨワ吟の甲グリがあるのは観世流ではこれだけだったんです。後に

『三山《みつやま》』が復曲されて（一九八五年）、甲グリが入ってきますが。舞の前の「大紋の」の「も」が甲グリになっています。ここまでのところ、「玉津島に参りつつ」あたりから、イキは下につけて声が張れた状態で「大紋」と上がってゆく。そんなふうにします。

舞は中ノ舞を舞っているという感じはないんですけど、静かな舞という意識はあります。イロエガカリで入ってるので、橋掛りへ行ってもいいことになっています。

舞い上げてからの謡「和歌の浦に」からは、特殊な節はないんですけども、謡い方に工夫が要ると思います。

この曲は割合明るい――明るいというのはおかしいかもしれませんが、よたよたした老女物とは全然違うものになっていますね。

「石山の観世音」「勢多の長橋」とか京都の人間はよく知ってるところなので、景色が分かります。親父も京都観世能でやりたい、と言うてたんですが、やれずじまいでした。

『大原御幸』

幽雪　演じた後の自分の覚書に「歌うてはいかん。あくまで現在物で語るもの」と書いています。シテの建礼門院の第一声「山里はものの淋しき事こそあれ」は、もちろん難しく、なかなかうまくいったためしはありません。すぐに連吟になり「間遠に結へる」のところは、気持ちが内へ籠るように謡っています。

中入りするときの形としては、花籠をどういうふうに持つか、注意しますね。後シテの出がやっぱり大事で、一番難しいと思うんです。「昨日も過ぎ今日も空しく暮れなんとす」は、歌い上げるというんじゃなしに、山から帰ってきて「昨日も過ぎ」と、しゃべっているような感じで、話し言葉みたいに謡えたら、と思っています。なかなかうまいこといきませんねけどね。関西人はどうしても母音が伸びますから、子音をはっきりさせて謡うように気を付けています。

図51　『大原御幸』

情念をうんとハラの底に込めて、うわべは淡々とした感じで、法皇に出会うところは、決して心を乱すまい、という強い気持ちが要るのではないでしょうか。今は華やかさのない境涯にいる悲しさ、そんなことをおなかの底で考えてね。そやないと、山里の凄さ、寂しさは出て来やへんのではないか、と思います。

「なかなかになほ妄執の閻浮《えんぶ》の世を」というところは、大原に隠棲しているところへ後白河法皇が来て、また源平の世界へ引き戻されるのか、という感じで謡わんと面白ないでしょう。法皇に会うてからは、思わず女として母としての悲しさが堰を切って出てくる。そういう感情の動きが必要やないか、と思います。

「芹生の里の細道おぼろの清水」で、橋掛りで下を見ますが、古い型付には「清水が狂言座から横板の方へ流れているつもりで歩け」いうのがありました。

終盤の六道の語りのところも、あんまり歌い上げるといかんのやと思います。会話みたいに謡っていって、そこへ気持ちが入ってこんと。そうすれば演劇的にも面白い曲になってくると思います。たとえば「この国と申すに」と、詞《ことば》みたいな感じで謡っていったら生きてくる、と思うんですけどね。「今ぞ知る」は高い調子で謡え、と雅雪先生に教わりました。曲の最後は、シオらず、数珠を持った手を胸の前で合わせたまま、留めます。『景清』でも杖を突いたまま、じっとしている、そういうやり方が私の場合は多いですね。

そんなに難しい節はないんです。舞はありませんが、素謡の延長線上で取り上げるんじゃなしに、やはり演劇として取り上げるものやと思います。

京都薪能で『大原御幸』が付いて、どうやってやろうかと思いました。佇まいが非常に大事ですが、篝火で出てきたので効果が出たと思います。建礼門院の心を自分で考えてやってますが、建礼門院の佇まいになるには、建礼門院やと意識をしたってそうなるわけでもなし(笑)。しかし、形が自然に出てくるようにならんとね。そこそこ年がいってこんと、出けへんやり方もありますね。

法皇も一回やってます。あれは難しいです。私は、赤茶みたいな水衣を着ました。

『景清』

幽雪　「松門独り閉ぢて……」の松門の謡は、素謡では聞かせどころと言われて、いろいろ彩りを付けて謡っておられるとも思いますし、謡に自信のある人は楽しいところでしょう。しかし、能全体の中で、ここが聞かせどころだという形にしたら、一曲の能が成り立たなくなってしまう。それに私は、これは景清の独り言、呟きではないか、と思っています。そやから、松門の謡はぶつぶつ切れてもおかしくないと思います。

いきなり「ショウ」と声を出すのではなく、イキが出て、そこへ声が乗る、という形です。どの謡でもそうですが、いきなり字が出てくるのではなく、イキの上に声を乗せる。私はそういうふうに教えてるんですけど。

それから、人丸が来て景清のことを訊きますが、「他で尋ねよ」と、答えますね。それで人丸らはいったん去っていきますが、本当の景清だと分かって、また戻ってきます。その間、景清は何もしないでじっと座ってるわけですね。この何もしないでいる間、景清は自分の娘が来たんだ、ということを考えている。娘が来たが、自分は名乗らなかった、そんな物思いに沈んでいる。そこへ里人(ワキ)が声を掛けるので、「かしまし、かしまし」となるわけです。このじっと座っている間、気を抜かずにいるのが大事です。

図 52　『景清』

「ただ容《ゆる》しおはしませ」では、作り物の中で私は手を上下にします。雅雪先生もそうしておられました。普通は合掌をしますが。

地謡が「山は松風、すは雪よ」と謡うとき、雅雪先生は地謡の方へ目を向ける、すると景色が見えるような気がして、凄いな、と思いました。

物語のところはなかなか強い謡ですし、大事に謡っております。殊に、「去年、播磨の室山、備中の水島鵯越《ひよどりごえ》に至るまで」と、負け戦ばかりだった、という謡があって、「如何にもして九郎を討たん、謀計《はかりこと》こそあらまほしけれ」と続きます。こういうところを大事に謡っていかんと、次のところが利かないんですね。

着流しか、大口か

幽雪　私は着流しでは一回ぐらいしかやってないです。着流しでじっと作り物の中にいる、というのも面白いんですけど、動いた形をお客様に見せるのには、大口の方がいいと思っています。着流しのときは錣引《しころびき》の場面は座ったまま演じますね。大口のときは完全に立ち上がってやります。だから「兜の錣を取り外し取り外し」のところなど、大口の方が動きがはっきりしますね。

親父さんが言うてたのは、観世流は着流しより大口の方が多い、ということでした。宗家にある型付では大口の方が多い、と。観世流は着流しでする、とは決まっていません。着流しやったら髭のない景清の面を使いますね。大口なら髭のある景清の面を使う、と私らも習ってきました。演じる気持ちも、着流しと大口とで変わってきます。片山家にある景清の面は、髭のある、柔らかい景清の面しかないんです。柔らかいと言っても、弱い、というのではなく、ちょうどいい加減の痩せ方というか、いい面です。

図53　景清面の説明をする幽雪氏

面をかけているときも面の中で目を半眼にしています。足元が少し見えるぐらい。完全に目を瞑るとよろけますし。

終盤、人丸の肩に手をかけるのは、景清は盲目で見えないから下の板からさすって、膝から肩へ手をかけるんです。いきなり手を出して抱き付くようになってはいけません。

宮辻　先日の観世能楽堂での『景清』では一度もシオリの型をされませんでした。

幽雪　人丸の肩に手をかけた後、シオルのではなく、面を背けるというか、袖の方で泣く、というやり方を私はしています。最後の場面、一人残されてからも、私はシオリの型をしません。シオってもいいんですけど、心の中で泣く、という形でやってます。シオらないで両手を杖の上に置いたままで終わります。『大原御幸』でもお話ししましたが、私はシオリをやめてる曲が多いんです。何か、それだけになってしまう。具体的にシオルと、何か弱くなる、小さくなってしまう。何か、それだけになってしまう。

大谷　『景清』は古くは直面《ひためん》で演じていた能ですね。仕舞を拝見したときに、こういうふうに直面でやってたんだ、と思いました。

幽雪　錣引のところなど、なかなかやりにくい仕舞です。

人丸を一度、子方でやりました。清司を使って。憐れさは出てくるんじゃないでしょうか。

『通小町《かよいこまち》』

幽雪　これまでシテの出は「包めど我も穂に出でて」まで幕内に居て、それから出て行く形が多かったですけれども、近頃は被《かず》いて一ノ松まで出て「いや叶ふまじ」と謡う、普通のやり方をしています。歩きながら謡ったこともあります。「二人見るだに悲しきに」は止まっていますけれども、被いて出てきて一ノ松でじっとしているのも腰がしんどいんです。

難しいのはやはり「百夜通い」のところでしょうね。「身一人に降る涙の雨か」の後、立回りになります。立回リでは、小鼓が「ポ」という音で雨の音を表すようにポ、ポ、ポと流シを打ってきます――流派によりますけれども。そういうふうに暗がりの中を歩いている感じを出すのが難しいですね。最初は目付柱に当たる。ちょっと下がって橋掛りへ行って、二ノ松の手前の表欄干の柱に行き当たって、そこで笠を落とします。そのとき、大鼓がチョンときて小鼓がポと打ったときに、うまいこと笠が落ちたらいいんですけど。笠がふわっとなることもありますしね。

先日は、地謡が「かやうに心を尽くし尽くして」と謡う前に、少し下がって立ったままシテ柱にもたれて指を折っていきました。

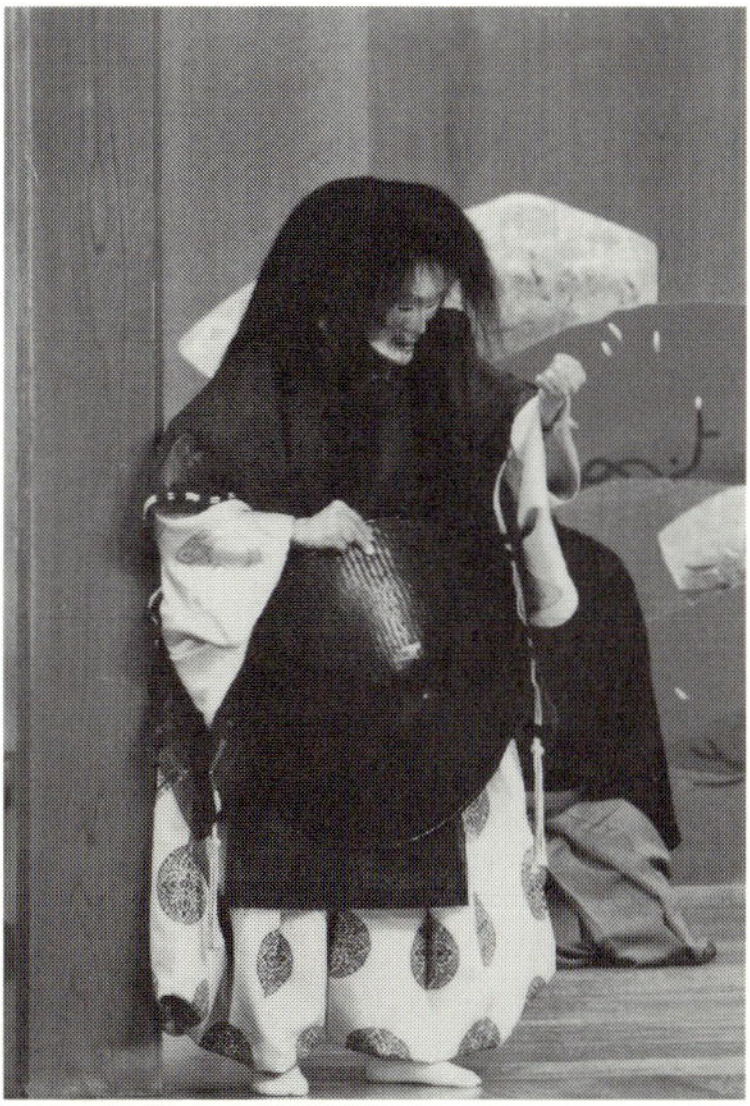

図54　『通小町』

宮辻　常は下に居てやりますね。

幽雪　そうです。立ってるか座ってるかだけの違いですが。立ったままやるのは目測を誤ると、シテ柱から外れます。つまり、ワキ柱とシテ柱の対角線上に居て、そこからワキ柱を見ながら下がったら、シテ柱に当たるんですけれども、右へ寄ったら脇正面に落ちるので、どうしてもね、左寄りになるんです。

宮辻　指を折ってゆくところは凄いもの

がありました。

大谷　あの型は九十九日間の辛さが思いやられる効く型ですね。

幽雪　一夜、二夜と、こう速く行くんじゃなしに。気持ちが手の角度とか速さとか、ちょっとしたことで変わってしまうんですね。気持ちをこめて、今まであったことを思いながら、指を折ってゆく。ただこう数えてる形やと、気持ちが伝わらんのやないでしょうか。こういうのは自分で考えてするしかありません。

ツレは二回ぐらいしかやってませんが、ツレもよくないとね。

『砧《きぬた》』

幽雪　自分が耐えているところへ、主人の使いの夕霧（ツレ）が来ます。入れ替わって「いかに夕霧」と言うのが、ちゃんと座ってからやなしに、座って膝が突くか突かんかというぐらいで言うのが、いいんじゃないかな、と弟子の稽古のときに言いました。別に間違い、というわけではないんですが。

普通はあまりしませんが、地謡の「憂きを知らする夕べかな」の後に、イロエを入れて回ってくるのも面白い型やと思います。シテが「遠里人も眺むらん」と謡うのも、本当に気持ちが遠いところにあるように謡わないと。「遠里人も眺むらん」という感じを謡い方で出せるかどうかですね。

地謡の「空すさましき」のところで、ちょっと、足を片方だけ半足ほど引くんです。これはお客様からは分かりにくいんですけど。型付には「空すさましき」のところは「二足下がって、右受けて遠くを見よ」と、書いてあるんですけれど。ちょっと引くだけで、二足下がる必要がなくなるんです。僕は、そう習ったんです。それをもっときちんと書いておかんないかんな、と思っています。半足も引かないぐらいかな。左をちょっとひねったら、下がった形が充分表現出来るんです。よく見てる弟子は、そう真似してますわ。

図 55　『砧』

「宮漏《きゅうろう》高く立ちて、風北にめぐり」は、私ども観世流は（常は）地謡ですが、金剛流はシテが謡われます。ここはたとえばうちの家元と大倉源次郎さん、というように家元同士がやると、囃子があしらわれます。普段は囃子はないんです。囃子があしらわれて、そこで地謡がうんと張って謡う、その後へシテが「隣砧《りんてん》緩く急にして」と低く謡います。前が高いから謡が利いてきます。

砧を打つところは、打ちようが大きくなっても小さすぎてもおかしいんですよね。弟子の稽古を見てたんですが、ちょっと砧を打ってる感じがしません。シテ一人で打つときもありますが、ツレと二人で打つときは、ほろほろ、はらはらはら、と交互に打ちますでしょ。シテだけがあんまり大きく打ってもツレとのバランスが悪いですし、その辺がツレと二人で打つときの難しさです。

中入りの前の地謡「声も枯野の虫の音の、乱るる草の花心」以下、間の取り方が要求されますね。さっさと謡われたらシテは入り切れないし、というて謡を伸ばすわけやなしにね。ここは静かな感じを出していけるといいんです。それは地謡の技術です。シテからは注文しにくいときもあるので、僕が居ると、「もうちょっと静かにならないの」と言います。しかし、静か、というのを取り違えると、全体がゆっくりしてしまう。「みーだーるーる」というふうに。しかし「乱るる草の」と言葉として聞かしていかなりませんわね。言葉や文章を生かしながら、静かに謡ってゆく。また「風狂じたる心地して(間)病《やもお》の床に」の(間)の部分の、何もない間を生かしてゆく、とか、僕が地頭のときは、僕の思いを説明します。

後でワキ(夫)は袈裟を掛けますわね。後ワキの謡はやっぱりそういう気持ちで謡うてもらいます。僕はいつも不思議に思うんですけど、ワキツレが太刀を持って出てきます。太刀は要らないんじゃないか。『朝長《ともなが》』で供が太刀を持っているのをやめたことがありますけど。

待謡で「梓の弓の」から調子が変わります。次の展開が予想されるような調子というか、雰囲気をここで出していただけると、シテが非常にやりやすいですね。

後シテ(妻の亡霊)の出は、太鼓がある場合もない場合もあります。杖を突いて出てくるとき、もうちょっと杖を大事に突いたらいいな、と思うんですけど。というのも、地獄の責めを負いながら杖を突いて出てくるので、そういう杖の突き方をしてほしい。地獄の中を歩いてゆく、という突き方が大事です。杖って、いろんな突き方がありますからね。ちょっと杖を前に出すと、頼っているように見える。杖を突いているのはちょっとしかない。出てきてしばらくしかないわけです。もしもその間の杖が邪魔なら、持たんと出てきてほしい。

後シテが出てきて地謡が「跡のしるべの灯火《ともしび》は」と謡い、後シテは、幕の方を振り返ります。それは自分が歩いてきた人生を振り返るんだ、と私は言うてるんですけどね。三年間、放っておかれた思いとか。ただ型付通りに振り返るのでは何も出てこないでしょ。お客様がそれを受け止めてくれるかどうかは分かりませんけれども。

「叫べど声が出でばこそ」では、声が出ない、という感じで胸杖（胸の前で杖を突く）しますが、これは上半身を少し上げれば済むんです。言うてしまえばそれだけなんですが、そういう形に気を付けていかなりません。

「羊の歩み」からは割合動けます。「夢ともせめて」あたりワキに突っかかってゆくようなところが、技術としては難しい。「開くる法の花心」の「開くる」で調子を変えます。そこで違う世界みたいな広がりが出れば。世界が広がってゆく感じの謡です。

一つの曲をどういうふうに演出してゆくかを考えてやらないといけませんね。ただ型付に書いてある通りでは、何も出てこないんじゃないでしょうか。能の型付はそんなに細かく具体的には書いてありませんから、こういう意味でこうなってる、と考えて読み、自分の演出プランを立ててやっていくことが大事です。

十三世観世太夫、滋章の時代の型に、初めにシテが出てワキ座あたりに座っていて一声を謡う、というのがあったようです。図も書いてあり、それによると、砧を置く位置は、ほとんど正先に近いところです。今はワキ座に近いところです。それに当時は砧を打つ撥《ばち》があったんです。扇を置いて撥を持って砧を打って、また撥を置いてます、型付では。そんなに大きい撥でない。中啓ぐらいの大きさで、昔はうちにもあったようです。父も雅喜先生もこの型ではやっておられないようです。

『恋重荷』

幽雪　シテは中入りの前、座って膝をたたいてますわね。それから「あはれてふ言《こと》だになくは何をさて、恋の乱れの束《つか》ね緒も絶え果てぬ」と謡いますが、この「束ね緒も絶え果てぬ」のところが本当に苦しくて息が切れてしまいそうになるんです。それから地謡が「よしや恋ひ死なん」と謡うときに、シテは息を詰めてジリジリっと顔を上げてゆくんです。そこで気が抜けんように立って、ずうーっと気持ちを幕までもってゆく。幕に入ってゆくまで息は詰めたままです。ここで息を吐いたり吸うたりしてたら、気が抜けるでしょ。

大谷　かなり長い時間ですね。肺活量が多くないと……。

幽雪　肺活量は私、少ないんです。「謡を謡ってるのに何でこんなに少ないの」と、医者に言われます(笑)。

橋岡久太郎先生が京都観世会でされたとき、ここで稽古があったんです。そのとき、中入りで、本当にシューっと走っていかれた。雅雪先生もどっちかというと、ザーッと走っていかれました。静夫さんは三足ぐらい勢いでぐっと出て、止まってそれから別のノリで入っていかれました。私が習ったのは「そのまま速く駆け込む」ということでした。だから自然に体が前へ倒れた形になります。なるべく気の抜けない形でずうーっと入れたらいいんですけど、なかなかあれだけの長さを息を継がずに駆けて入るのはしんどいです。

図56『恋重荷』

後場で、重荷を担う棒を女御に押し付けるなどする、いわゆる「古式」を、私はしておりません。ただ立廻リで、ツレ(女御)の肩に鹿背杖《かせづえ》(T字形の杖)を載せる、ということはしています。普通は、立廻リはぐるっと舞台を回って常座へ戻ってくるだけなんですけど、その間にワキ正面からツレの方へ乗り込んで、そこで太鼓をあげてもらって、鹿背杖の先を持ってツレの肩を押さえつける――ツレを責める形ですね。それから常座へ戻りまして「玉襷《たまだすき》」という謡になるわけです。これは昔からある型ではありません。私が考えたんです。

大谷　今「古式」と言われているのは『妙佐本仕舞付』の中にある型ですね。室町後期にああいう型があった、ということで、あれが本来かどうかは分かりません。鹿背杖で押さえるのはとても効く型だな、と思いました。

幽雪　ツレ（女御）は出端《では》の謡をしっかり謡うことです。「更に立つべき様《よう》もなし」の「様もなし」を丁寧に謡わないといけません。宝生流では『恋重荷』と同趣の曲は『綾鼓《あやのつづみ》』です。近藤乾三さんのシテで、子息の近藤乾之助さんが『綾鼓』のツレ（女御）をなさったとき、謡っているのに瓔珞《ようらく》が動かない。どういう構えでどうしたらああなるのか知りませんが、見事なものでした。そのような女御があって曲が成り立つ、ということです。

『高野物狂《ものぐるい》』

幽雪　九郎右衛門（当時清司）が自分の後援会能で、私に『高野物狂』をやってくれ、と言うたんです。それまで『高野物狂』をしたことはなかったんですが、私の場合、教えなければならないこともあるので、心覚えなどは書いていて、稽古もしたことはありました。現行の大成版での型付も自分では書き、教えるときは大成版を使っていました。しかし、自分の舞台として本格的にするのなら、大成版のやり方を変えてやりたい、と思い、観世流の元禄本でやってもいいか、と言うたんです。元禄本は檜書店から取り寄せ、平成十八(二〇〇六)年五月二十七日、京都観世会館で初演しました。

　違いを挙げてみますと――。まず大成版は最初がシテの名乗りなんです。その前に次第が付くのが元禄本なんです。次第がなくいきなり名乗りではあっさりしているので、これではやりにくいな、と思ったんです。それに「去年の秋、空しくならせ給ひて候」(大成版)が「去年の秋の頃」となっていたり、クセの「深山烏《みやまがらす》の声澄みて」(同)が「深山烏の声さびて」になっているなど、謡の詞章が少しずつ違っています。「さびて」というのは「静か」という意味です。出演者らは、こういうふうに詞章が変わってたら、次に大成版でするときは大変や、と言うていました。ワキの宝生欣哉さんもこちらのやり方に合わせてくださいました。

　このときは、春満の残していった文を読んでる間(高師四郎の気持ちを表現するのに)、右手を思わず知らず、だらんと離してしまう、というやり方をしました。通常の型やと、文を読んでいて少し下ろして、もう一回文を上げてまた読む、というやり方なんです。

　後シテの装束は、掛素袍やなしに、しぼのある水衣に替えました。なぜかというと、侍烏帽子にかけてある頂頭懸《ちょうずかけ》(烏帽子を安定させるための組紐。あごの下で結ぶ)もやめ、小刀も差しませんでしたので。柔らかい感じの水衣が合うと思いまして、私が考えました。頂頭懸は『夜討曽我』の五郎が付けてますね。あれを付けていると、硬い感じがして厳しさなどが出るかもしれませんが、姿はもっと普通の男でいたかったわけです。いかつい形ではなく、柔らかい感じに統一していった、ということです。小刀もやめました。武士なので差していて当然なんですが。

図 57 『高野物狂』

また観世流の普通のやり方では、後シテが持つのは、竹に挟み文ですが、私は笹に結び文にしました。これも、この方が柔らかい感じがするので。「陸奥紙《みちのくがみ》に書き残す」と、謡にあるので、寺町の紙問屋まで陸奥紙を買いに行きました。ところがお店の人が言うには「陸奥紙という名前はあります。しかし今は作ってません」と。つまり今はないんです。それで結局、薄様の越前和紙を使いました。

居グセの場合、型付には普通、何も書いてないんです。しかし私は「クセの文句に心を付けて風景を出せ」と、書いています。「さればにや、真如平等の松風は」で、私はほんの少し、左を引いたんです。座ったままで。ちょっと引くだけで次の「八葉の峯を静かに吹き渡り」のところで、奥行が出てくると思ったんです。そういう風景を大事にしなさい、ということです。

観世流の現行のやり方では、結末は高師四郎が春満と下山しますが、元禄本では、高師四郎は春満と共に仏道に入ります。どちらがいいかどうか、それぞれの考えがあると思います。再演するときのために両方、型付を書いています。

出演者には最終的な型付や台本を渡しました。翌年、味方健さんがご自分の会で元禄本でなさいました。

喜多流の後藤得三先生の『高野物狂』の仕舞を見たとき、クセの中で「深山烏の」というところで二足出られたのが、強く印象に残りました。その後、和歌山で『高野物狂』の仕舞を舞うことになったんです。普通は上歌の「麻裳《あさも》よし。紀の関越えて……」というところを舞うんです。しかしこのときは「クセでやるからね」と言うたんです。みな「えっ」とびっくりしましたが、後藤先生の仕舞が記憶にありましたのでね。

その後、喜多流の方に電話して、「後藤得三先生のやり方は、「深山烏の」で二足詰められ（出られ）ますか」と聞いたら、「詰めますけれども、得三先生はやり方がその日によっていろいろ変わりましたので、それが得三先生の型かどうかは分かりません」ということでした。

『西行桜』

幽雪　初演したのは五十代ですね。太鼓序ノ舞物で華やかなものなんでしょうが、軽うなってはいけませんし。そういう点でもある程度、年齢がいってからでないと。

ワキツレ（花見客）が入っていった後、一人残った寂しさみたいなものが出ないとね。だから、いつも作り物の前を通って舞台を横切って入ってもらうんです。しかし、あるとき、ワキツレの方が、邪

図58 『西行桜』

魔になるやろうから、と思って舞台を横切らずに囃子方の後ろを通って入られました。しかし、舞台を横切ってもらわんと、後の寂しさが出てこない。西行が一人、桜を愛でているときに、大勢の人が来る。その人達がやっと帰ってゆくので、作り物の前を横切ってもらう方が効果的やと、僕は思っています。

引回シが下りて、シテが「埋木《うもれぎ》の人知れぬ身と……」と謡い出しますが、謡い方とか構えとかは若いうちではなかなかやれないと思います。構えというのは、特に手の構えですね。床几にかけてますから、手は太腿の上に置いて、脇の下はどんな曲でも、握りこぶしが一つ入るぐらいに離していますが、全体に肘を張っていると強くなって寂しさが出てこないので、小さく構えてるんです。そういう構えが難しいのかな、と思います。

面は皺尉《しわじょう》で、意外なほど大きいんですね。家元と分家に、同じ作者の皺尉の本面があるんですが、分家のは少し小さいんです。それをお借りしてやったこともあります。

シテの装束は、桜の模様の着付けの上に紗の黒っぽい狩衣を着て、何かの拍子に桜が見える、というふうにしていることが多いです。

気ぃ付けて謡わんならんところがあります。シテがワキに向かって謡う「あたら桜のとがにはありける。さて桜のとがは何やらん」の「何やらん」です。ここは詞《ことば》で、ヒラキになっていて、音階がどうこうということはないんですが。注意せんならんところなんです。

クセの「見渡せば柳桜をこきまぜて、都は春の錦。燦爛たり」というところなど大事な面白いところです。「千本の花盛り」で拍子を踏むんですが、普通なら「せんぼんの」と(・のところで)拍子を踏むんですが、ここではそうではなく「せんぼんの(間)」と、拍子を踏むんです。こういう特殊な間の取り方は、型付にも書いてなく、実際に教えてもらわないと分かりません。

クセの後、序ノ舞に入る前に、比較的長いシテの謡が入るのは、『遊行柳』とは全然違いますね。

舞は老体の序ノ舞ですが、老女の舞のように足を弱々しくする必要はないのです。弱々しくなってしもたら、皺尉の面が生きひんと思います。しかし荒くなってもいかんし。皺尉と合う足の運びですね。そういうところがこの舞の難しさやと思います。杖を持って舞うこともありますが、不自然な感じはしませんでした。ただ、杖をどこで突くか、座るときに杖をどうするか、など考えておく必要があります。邪魔にならない使い方、いつも言うことですが、杖を自然に突ける稽古をせんなりません。邪魔な物を持ってる感じがしてはいけませんのでね。自然に突けると、面白い形にもなるんですけどね。

舞い上げてから、「鐘をも待たぬ別れこそあれ」で胸杖をしたり、あるいは「白むは花の影なりけり」で胸杖をして作り物の方を見たり、いろんなことをしてきました。作り物の方を見る、というのは私のやり方です。「よそはまだ」で、サシて回ってきます。幕へ入ってゆくやり方やと、「花を踏んでは」で拍子を踏んで、そのまま入ってしまいます。一ノ松で振り返る、ということを一度したことがあるんですが、やっぱり必要ないな、と思いました。

橋掛りから幕へ入ってしまう型をしていたとき、「待て暫し、待て暫し」をワキに謡うてもろうたことが私も一回だけあります。入ってゆく桜の精に向かって西行が「待て暫し」と呼びかける、という感じでそうしたのです。

謡の好きな人は『遊行柳』の方が好きなようですが、お能としては『西行桜』の方が骨格がしっかりしているし、名曲だと思います。こういうものは綺麗に謡うというんではなしに、きっちり、しっかり謡うことを心がけますね。

『鷺』

幽雪　この曲は、十三歳までの少年か、還暦を過ぎてから舞う、という習いの曲ですが、僕はいわゆる「若鷺」はやってないんです。還暦のときに舞いました。「老鷺」でした。

二十四世宗家、観世左近先生が片山家から観世家へ養子に行ったのが十三歳のときで、左近先生は京都で『鷺』を披かれたようです。うちに残っている『鷺』の作り物や図面に「清久」と書いてありますから。「清久」とは左近先生が「元滋」を名乗る前の名前です。

子どものときにやる方が、あんまり考えんとやるのでいいと思います。還暦を過ぎると、足も若いときみたいにいきませんでしょ。（鷺乱という特殊な）鷺の舞の足は、シュイっと片足を上げる、それが子どもやと案外簡単にやる（笑）。大人やと妙に考えてしもて。見てても僕は若鷺の方がいいな、と思い、清司には子どものときにさせたんです。

華雪先生が病後に『鷺』をなさったとき、ワキ（蔵人）から逃れて橋掛りへ行き、ユウケンしておられた、それがとっても素晴らしかった。いかにも鷺が飛んでゆくような感じがしました。

図59　『鷺』

『鷺』っていうのはヘンに考えんと、純粋無垢に舞えるようにしたらいいんですが、大人は鷺の真っ白な感じはなかなか出にくいですね。型は、子どもでもやれるぐらいですから難しいことはないんですが。

大谷　本来、これはおそらく子どもの能なんですね。（十五世観世太夫の）元章の「重習」の中に入っていて、そのあたりから一子相伝とされ、還暦以後にも舞える、ということになったんでしょう。それ以後、無垢に舞う、というのが大人の『鷺』の難しさになってゆくのですね。片山家にとって『鷺』は特別な曲でしたね。

幽雪　はい。鷹司家から型付をいただき、箱に入れて保存しています。箱書には嘉永四（一八五一）年十月二十日、と書いてあります。鷹司家からいただくまでは、片山家では『鷺』をしていなかったんです。

大谷　それが片山家でも出来るように、と型付をいただいたんですね。

幽雪　今はその型付の通りにせないかんわけではなく、私は家元の型でしております。しかし、そんなに変わるわけではありません。観世宗家では一子相伝になっていますが、本来は弟子家がするときは、装束が真っ白ではいけない。どこかに色を入れなければいけない、ということになっています。たとえば、腰帯の下に朱を入れて上を白で覆うたりします。表面は白に見えて色が入っているとは、ほとんど分からないです。

『石橋』

幽雪　前シテが静、後シテが動、この対比が大事です。もちろん後場の獅子のところも大事ですけれど、前シテの童子の謡も大事ですね。静かな謡だけれども、気迫がこもっていなければなりません。深山幽谷で寂昭法師に出会って言う「暫く（候）」は、がなるのではなく、引きの強い謡です。「暫く」と強く言うのではなく、声なき声で止めるような、冷えた謡い方。外見は童子ですが中は老成している感じで、相手を押し留める謡でなければなりません。
そして中入りは、張り詰めた静けさの中で「今幾程によも過ぎじ」と三足の足使いをして息を詰めたまま、時間が止まったように無音で入っていきます。これが習いになっています。

図60　『石橋』

子獅子のときは、まだ小さくて獅子口の面は付けられませんから、覆面でしましたが、このとき、笛の唱歌は稲津さんという方に習いました。杉市太郎さんのお弟子さんで、五番町の遊廓の御主人でした。そのころ、僕は九つぐらいでまだ笛は吹けませんが、五番町まで笛の唱歌を習いにゆくんです。そしたら、遊廓でおばあさんが寒いのに火鉢抱えて外にいました。当時は何も分かりませんでしたから、何でこんな寒いのに外に居るのかな、と思いました。このとき、親獅子は父で、僕と慶次郎が子獅子でした。

一人石橋を披いたのは十七、八歳のときで、比較的遅い方でした。一人石橋が晴れがましい、というのは、一人だけに見所からの視線が集中しますから。やることはそんなに変わらないんですが。一人であっても子獅子を蹴落とす形はしますし。動作が一つ一つ、確実にきちんと出来ていればいいんですけれど。

台に上がるときの太鼓の手は決まってまして、そこまで気合が抜けないようにずうーっと舞台へ入ってくるのが大事です。面を切るのもやたらに体が動かないで、じっと構えたまま、しかも腰から切れるようにしてほしい。反りかえりも、目線を置いたところから綱を引き出すように緊張感を保っていかなければなりません。

激しい動きで面がずれることはあります。だから、面の紐は『石橋』に限って二本締めることになっています。

博太郎後援会の第一回が『三輪〈白式神神楽〉』と『石橋』でした。今から考えたら、「白式」やってその後『石橋』をようやる気になったたな、と思います（笑）。

終戦後間もないころ、金剛さんの舞台で一人石橋をしたとき、外国人の方所有の面を拝借してやったことがあります。このとき、出てきた途端に停電して、急いで蠟燭を舞台の端に置いてやりました。そのころは停電がしょっちゅうあったんです。怖かったです。

福山で慶次郎と「師資十二段之式」（小書）で舞うことになっていたら、二、三日前に慶次郎の体調が悪くなった。そこで書生の青木道喜君に代役をしてもらうことにして、急遽、「師資十二段之式」を教えたんです。三回も四回も僕も一緒になって舞い、稽古しました。青木君がふらふらになるぐらいやりました。僕も若かったんでしょうね。師資を三回も四回もしたんですから。当日、青木君はやらしてもらえるつもりで福山まで来たんですが、慶次郎の調子が回復して、青木君は舞えなかった、ということがありました。残念だったでしょう。

『俊寛』

幽雪　シテのサシ「玉兎《ぎょくと》昼眠る雲母《うんぼ》の地。金鶏夜宿《きんけいよるしゅく》す不萌《ふぼお》の枝《し》」は、島での厳しい状況を謡うてるわけですから、そういうつもりで謡いなさい、と教えられました。

赦免状に自分の名前がないので、何回も見直して読む、次に裏返して読む。このあたりが型として大切ですね。何回も見直して読むときと、裏返して読むときと、体の構えも少し変わりますし。ワキ（赦免使）の言葉で自分一人が残されると分かって「こは如何に罪も同じ罪……」以下、クドキまでの謡は難しいですね。それこそ自分が残されることがはっきり分かったわけですから。

島にとり残された俊寛の前を成経と康頼が通ってゆくとき、康頼の袂にすがりつきます。そのタイミングなどよう考えんと面白くないですね。

俊寛が船の出発を止めるために、ともづなを引っ張りますが、実際にともづなを出すのと、出さないのと、二通りあります。普通は本当にともづなを使う方が多いです。私は実際にともづなを使うのと、使わずに、あたかもあるようにして演じるのと、半分半分ですね。ともづなを使わないでするのはなかなか難しいですね。ともづながなくても、ともづなを引っ張っているように見えなければなりませんから。ともづなを使う場合でも、ともづなが切られたときに、断ち切られたともづなが反動で

図 61　『俊寛』

大きく振られているように見えなければいけませんね。どちらにしても、ワキとのイキがうまく合わんとね。

　俊寛が泣き伏してしまい、ロンギになります。康頼、成経が「やがて帰洛はあるべし。御心強く待ち給へ」と言うのに対して、俊寛が「帰洛を待てよとの……」と謡う、その調子をよく考えて謡わんと寂しさが出てきません。最後に「頼むぞよ頼もしくて」と続けて謡うんですけれども、「頼むぞよ」と「頼もしくて」は少し調子を変えます。

　このとき、正先に居て、そこから常座へ行きますが、以前は、地謡と合うように歩いていたんです。しかし、歩く速度など考えていてはこのドラマは成り立たない、最後は地謡の謡とは無縁に茫然と立ち尽くしていてもいいんじゃないか、とこのごろ気が付きました(笑)。型付には、常座へ行く、としか書いてません。

『自然居士』

幽雪　世阿弥の『五音』に闌曲《らんぎょく》として記されている「それ一代の教法は」以下の説法の箇所は現行の曲にはないんですが、それを「謹み敬つて申す……総神分《そうじんふん》に般若心経」の後に入れてやりました。「それ一代の教法は、五時八教をつくり、教内教外《きょうげ》を分かたれたり。五時といつぱ、華厳、阿含《あごん》、方等《ほうどう》、般若、法華涅槃。四教とはこれ蔵《ぞう》、通《つう》、別《べち》、円《えん》たり。釈迦教主の秘蔵を受け、五相成身《そうじん》のむねを開きしよりこのかた、誰か仏法を崇敬《そうぎょう》せざらん」と、ここまでは、『大会《だいえ》』の冒頭のワキのサシ「それ一代の教法は……」と、ほとんど同じなんです。ただ『五音』にはその後も「我はもと隠遁国の民なり」以下、かなり長く続き、「つながぬ月日なりけり」で終わっています。そこまで全部入れてやりました。その方が、本当に説法している感じがありますので。それに、今の謡本の通りやと、ちょっと短いんです。というの

図62　『自然居士』

も、この間に子方が出てきて、親の追善のための小袖と諷誦文《ふじゅもん》を出しますので、これがある方が、子方がゆっくり出来るんです。まあ、子方のために入れたわけじゃないんですが、そういう効果もあります。これは昭和三十九(一九六四)年、観世寿夫さんが上演したやり方です。今は「古式」と言われています。

これは舞い応えのあるものです。羯鼓《かっこ》は普通の打ち方ではなくて、面白くなるようにいろいろ変化を付けました。技術的には難しくなったんですが。打っているときは見えませんが、撥が外れることはありませんね。簓《ささら》は数珠と扇を持ってやりますが、そんなに難しいものではありません。

ワキや狂言方との詞《ことば》のやりとりが、パッパッと出来てかみ合っていかないと面白くありませんね。私の好きな曲です。

『隅田川』

幽雪　これは随分やってます。シテの出のお囃子の一声は、幕が上がるまでは、いわゆる狂女越シという越ノ段があって、幕が上がるところから静かになるんです。このごろ、一声を短くしてしまう傾向がありますが、やっぱり狂女越シがあって、幕が上がるところから静かになってきて、シテが出ていくのが『隅田川』の一声やな、と思います。時間的に制約されると、どうしても表現し切れないところが出てきてしまいますねえ……。

シテの一セイの「聞くや如何に」で少うしノリますけども（地謡の）「松に音する」は、シテの謡を受けるんやなしに「まぁつに」とちょっと、低く出て欲しいな、と私は思うんです。本舞台へ入ってからのカケリでは幾分、気持ちの昂揚みたいなのが表せたらいいと思います。その後、「真葛が原」ってノリますけども、下歌、上歌は普通の狂女物とは違う、静かな感じがしてきますわね。

それから沖の鷗の段の「名にし負はば、いざ言問はん都鳥、我が思ふ人はありやなしやと」の謡など、先代梅若実先生がお上手でした。あんまり切れん方がいいと思います。次に「なふ舟人」と、ここでは白い鳥を見て呼びかけますが、後の方で、子どもの死んだ物語を聞いて、やはり「なふ舟人」と、言います。この後の「なふ舟人」は、他の「なふ舟人」とは違いますでしょ。自分の子どもが死んだのではないかな、という問いかけですね。そやから私は、初めの「なふ舟人」は割合高い調子で出て、後の「なふ舟人」は低く出てるんです。それに後の「なふ舟人」は、渡守に「（舟より）上《あが》り候へ」と言われてから言うんですが、「上り候へ」と「なふ舟人」の間《あいだ》になんらかの間《ま》が欲しいんです、私は。

（塚の前へ連れて来られて）「今まではさりとも逢はんを頼みにこそ」と謡います。わが子が死んだことがはっきりしたわけですから、気が抜けたように謡い始めます。型付には「塚の前へ来て謡う」としか書いてません。勢い込んで「今までは」と謡い出すのではない、と華雪先生に教えられました。だんだん気持ちが入ってきて「春の草のみ生ひ茂りたる。この下にこそ」と、なります。「茂りたる」で下を見なさい、と華雪先生に稽古を受けました。雅雪先生にも習いました。「この」と言うてから下を見るんじゃなしに。

大谷　世阿弥が言ってますね。言葉を言ってその動作をするのか、動作をしてから、その言葉が聞こえるようにするのか。

幽雪　先聞後見かどうか、ということですね。どっちがええのか、ものによると思うんですけどね。これはやっぱり難しい問題です。

「残りてもかひあるべきは空しくて」という上歌のところは、ずっと塚の方を向いたまま座ってるのと、正面を真っ直ぐ向いて座ってる型と両方あるんです。私は今まで、どちらもしたことはありますが、塚を向いてる方が多いです。「正面向いてるのもいいんじゃないか」と寿夫さんがおっしゃっていたことも覚えてるんですけどね。

図63　『隅田川』

鉦《しょう》もワキに渡してもらったり、下へ置いてもらったりいろいろです。「南無阿弥陀仏」の二句目から打ち出します。

先代梅若実先生が名古屋でなさったとき、私は後見の端に座ってたんですが、鉦を打ってゆく場面が、ものすごくリアルだったんです。だんだん子どもの声が聞こえてくる、「なふなふ今の念仏の中に、正しく我が子の声の」という前です。打っている間に、子どもの声を聞くわけですね、と同時に、打っている手がうつろになってゆく。子どもの声を聞くのに必死になっていくから。始めは子どもの菩提を弔うために鉦を打ってるんですが、やがて子どもの声が聞こえてきて、それを聞きながら打ってるという感じがリアルでした。打ち方が乱れるというだけではなしに、途中で打つことを忘れかけてしまうような打ち方なんですね。本当にお上手やったと思います。しかし僕らがそれをやろうと気にすると、おかしくなってくるんですよ。真似しようとすると、なかなかうまいこといきません。というのも、鉦を打つ箇所は、どこでもいいわけやなしに、決まってるからなんです。沢山打つやり方もありますけども。普通、大鼓をちょっと外したところに打つんです。それを気にすると、手を上げるときから待ってんならんようになってくる。何となしに自然に打てたらいいんですけど、そこへ打たんならん、と意識すると、手が固うなってくるんですよ。

僕は、鉦があんまり「チーン」と高い音がせんように、裏に越前和紙を貼ってます。「今一声こそ聞かまほしけれ」の「今一声こそ」は一番強く言います。最後、普通のやり方は、塚を撫でて「浅茅が原となるこそ哀れなりけれ」で、正面向いて立ったままシオってるんですけれど、塚のそばで崩れ落ちて全曲終わるまで座ってる、というやり方を私は何回かやってます。しかし、これは立つときがやりにくいんでねえ。あんまり気にしないで立ったらええんでしょうけど。先日したときは、塚の方へ三足ほど詰めただけで、塚に少し袖がかかった感じで終えました。

子方を出すのも、出さないのもしました。しかし僕は、子方を出すのがやっぱり自然やと思いますね。子方なし、というのは私自身慣れへんのでねえ、難しいです。子方に塚の中で謡だけ謡わせて、外へ出せへん、というやり方もしました、可哀想でしたが（笑）。子方を出さないときは、子方の「南無阿弥陀仏」の謡は地謡が謡います。子方を出したら、「幽霊やのに足がある」と言うた人もいます（笑）。

以前、学生能で僕と親父さんとが、午前と午後に『隅田川』をやることになって、僕が終わって楽屋へ入っていったら、親父さんが疲れた声で「もう続いてやれよ」と言うて。あれは困りましたね。他の能ならともかく、出て行って「げにや人の親の心は闇にあらねども」て謡うて、泣いて、崩れ折れて、最後は「東雲《しののめ》の空もほのぼのと」「我が子と見えしは塚の上の草茫々として……」と、終わるでしょう。そういうのを、もう一回、また出ていって「げにや人の親の心は」とやるのはねえ……。

『摂待』

幽雪　これほど動かない能はありませんね。一体何足動くでしょうね。謡でできている能ですが、これほど芝居になっているものもありません。来訪した義経一行の一人一人に対峙して、急所を突き、謡い分けて気持ちを詰めていくところが大事です。サシの「げにや親子《しんし》恩愛《おんない》の」以下のところと「嫡子継信は屋島にて討たれ」以下のクドキとは、謡い分けが必要です。クドキは少し詞《ことば》になるような感じで。

『摂待』はシテの語りやなしに、ワキの弁慶の語りですわね。継信の最期の様をシテの老尼――佐藤継信の老母ですね――に語って聞かせるんですが、私は、老尼が数珠を持ってから、ワキに語ってもらっています。他の方はどうか知りませんが。その語りの中で、教経が放った矢が継信の「鎧《よろい》の胸《むな》板押附揚巻《いたおしつけあげまき》、かけずたまらずつゝと射通し」のところで、老尼が自分の胸のあたりで手を合わしているのが、ほんの五センチほど外れるわけです。それが数珠がちぎれてバラバラになることを表しているわけです。手が離れ過ぎない感じでやります。型付には「思わず数珠を左手で外す心持」としか書いてないんですが。老母は息子の話になってから息を詰めて聞いていて力が入ってる、と私は思ってやっています。

図64『摂待』

以前、お客様が能を御覧になる前に、そういう話をしたら、その手の離れるところしか注意して見てない。それも困るんですが(笑)。

これは継信の子の鶴若役の子方がしっかりしてないといけませんね。

『卒都婆小町』

幽雪　三十代で披きました。老女の場合は、足を出す前に杖を突く、など杖の突き方、また老女の足の運び方は太腿から歩く、などそういうことに慣れていないときでしたので、そのあたり注意してやったことを覚えています。本番の一年ぐらい前から稽古をしました。

出てきての第一声は、節が特に難しいわけではありません。この高さで、と決めていますが、ちょっと調子が違ってしまった、ということはあります。

披きのとき、家内のお父さんに「笠を脱ぐときの手がいかん」と、いきなり言われてしまいました（笑）。家内のお父さんは桜間弓川さんの金桜会をよく見ておられたんです。

シテ（九十九歳の小野小町）とワキ（高野山僧）との問答は、途中で立場が変わっていき、訊く方と答える方が入れ替わりますでしょ。ワキが答えるように変わってしまう。そういうところが難しいところやないでしょうか。問答の場面は、たいていのシテの方は床几（葛桶）に座っておられます。これはそこへ座りに行くのも難しい。面の中からほとんど見えないので。私も一度だけ葛桶に座ったことがありますが、それ以外は下居していました。下居して見上げる視線でワキとワキツレ（従僧）と問答している方がいいんじゃないか、と思うんです。葛桶に座って対等の形で応対しているよりもね。

大谷　ワキが最初は見下していたのが、問答の中でだんだん関係が逆になり、最後にはワキが下居して礼《らい》をなし、立場が逆転するわけですから。

幽雪　問答の後、立場が逆転するところは大事なところです。ワキの僧が礼をするところでシテが「我はこの時、力を得、なほ戯れの歌を詠む。極楽の内ならばこそ悪しからめ。外は何かは苦しかるべき」と謡う。これは嘲り味のある謡ですわね。そういう感じで謡っています。「極楽の内ならばこそ」と、ちょっと強くなってもいい。それをどう謡うかを言葉で言うのは難しい。一対一で稽古をせんと、なかなか伝えられませんね。

シテが「墓《うて》になし」で杖を突きますが、続く地謡の「げに本来（一物なき時は）」で突くやり方もあります。私は「墓になし」で突く方が多いです。床几に掛けてる方が、突きやすいですね。

図65　『卒都婆小町』

「有明の影恥かしき我が身かな」では、左手で少し持ち上げた笠の縁に右手をかけ、持っている笠をちょっとこう上げて右手を笠の縁にかけて、その中に全身が隠れてしまうような感じでします。自分の気持ちが笠の中に全部隠れてしまうように出来たらいいな、と思っています。笠の紐を解くときからきちんとしていないと、紐が外へ出たりします。

大谷 あそこがとっても愛らしいです。

幽雪 「頸に懸けたる袋には」のところは、普通は立って常座へ行くんですが、私は最近は、座ったままにしています。動くところが若うなってもいかんし、僧のそばまで行って笠を差し出すのも難しい。荒くなってしまいがちなので。だから私は座ったままでしたんです。

杖をついてたら「また狂乱の心つきて」の「つき」で必ず杖をつきます。

「なふ物賜《た》べ〇なふお僧なふ」と〇のところで切って私は言うてるんですが、「なふ物賜べなふ〇お僧なふ」と言う方もいます。こっちの方が言い易いんですけど。

「日は何時ぞ夕暮。月こそ友よ通路の」で西の方を見て、正面の月を見て「関守はありとも留《とま》るまじや」で常座の方へ行き、二、三足詰めるのが特殊な足で、止まって、後見座へ行きます。そういうところが技巧的なところです。この後、物着になります。

「浄衣《じょうえ》の袴かいとつて」の後にイロエが入る場合があります（小書〈一度之次第〉）。一回りしてくるだけですけど、藤田大五郎先生の笛が非常によかった。シテにしても歩きようが難しいです。物着の後ですし、割合静かに回ってきます。『百万』みたいに先にイロエがあって、その後、子どもを探す立廻りがあったら、これは違う歩き方ですわね。子どもを探しているときに足をかけたりすると、見ている方としては、気持ちが止まってしまう。だから弟子の稽古のときは「足をかけないように」と言っています。

（深草の少将の霊がとりつく）「その怨念が憑き添ひて」のところは、座ってるので、ワキの方を見上げる形で「かやうに物には狂《く》はするぞや」まで、いっぱい息を詰めたまま言います、私は。「狂はするぞや」の後、囃子がホウホウと二拍残るんです。それから「これに就けても」と続きます。「花を仏に手向けつつ、悟りの道に入らうよ」は、何となしに謡も型も広がりみたいなものが出てきたら、と思っています。高さの調子の取り方ですね。「花を」というところで、何か別の世界に入ってゆくような広がりが出れば、とね。

大谷　自然に僧との関係が変わってしまう面白さ、心の花を残している老女、能が持っているいろんな要素が表現できる作品ですね。

幽雪　これは懇切丁寧に、雅雪先生にお教えいただきました。

『高砂』

幽雪　このおじいさんはよぼよぼのおじいさんではなく、颯爽とした、清らかなおじいさんで、曲としては祝言性が大事やと思いますね。謡にしても妙に居つかない。神舞は真ノ神舞と草ノ神舞と、昔は二つあり、『高砂』は真ノ神舞、『養老』は草ノ神舞と言われてました。今は一つですけどね。そやから真ノ神舞を舞うものとして、おじいさんでも清々しく強くて綺麗なおじいさんが出来たらいいな、と思います。

図66　『高砂』

真ノ神舞と草ノ神舞は笛の譜が一クサリほど違うんです。残しておいてほしいと思いますが。舞い方に違いはありません。

おじいさんが竹杷《さらえ》で落葉を掻くときは舞台に「久」という字を書くようにするんですけど、掻き寄せてくるところは、型としてもうちょっと綺麗に、と思って見ているんですけどね。

大谷　禁裏御所では天皇の代替わりのときに『翁』付きの祝賀能を行いますが、脇能は必ず『高砂』です。「松平」の松なので武家ももちろん『高砂』を尊ぶんですけども、内容からすると、御所での能が一番ふさわしいんですね。

幽雪　大事な脇能です。中入りのとき「小舟にうち乗りて、追風に任せつつ」でこう手を広げて常座の方へ行くのも、風をいっぱいにはらんだようにせよ、と言われています。

後シテも「西の海檍《あおき》が原の」というときに、本当に海が見えるように型をしていってほしいです。「松影もうつるなる」のところは、全ての松がここに集まったようなつもりで、鏡板の松を見るように、と習いました。

宮辻　『翁』付きのときと、そうでないときと、心構えなどの違いは。

幽雪　『翁』付きの方が颯爽とやります。神舞も、全体も。簡単に言えば、スピード感というか。ゆったりした『翁』があり、『三番三(叟)』があり、そこに『高砂』が入ってくると、しゃんとしたものが必要なんじゃないでしょうか。

『翁』なしの『高砂』のことを話しますと――。『翁』の中の型が入ってくるんです。たとえば「小忌衣」のところでは、『翁』のように袖を被きます。今は『翁』なしでもあまりやってませんが。舞の中に、袖を巻く千歳の型も入ってます。それに、翁が出てきて最初に座っているところがあるでしょう。あそこへワキが座る型もありますね。『養老』も『翁』付きの方が颯爽とやりますね。ただ『養老』の場合は、『翁』の型が入ってくることはありません。

大谷　『翁』なしのときは、『翁』の主意が脇能の中に残されていることがよく分かりますね。

幽雪　若いときに『高砂』をやるとしても、ある程度しっかりしてないとやらせてもらえないです し。『羽衣』も序ノ舞ですから、なかなかやらせてはもらえなかったです。

後シテの面は、大成版では「邯鄲男《かんたんおとこ》」になっていますが、私は使ったことないんです。いつもうちの「三日月」という、厳しいですがスケールの大きい面を使っています。「邯鄲男」は、『高砂』の後シテの大きいイメージとは合わないと思うので、使いたくないんです。白い「邯鄲男」を『歌占』に使ったことがありますが。

「八段之舞」の小書になると、松を舞台に出しますが、舞台が小さくなるでしょ、だから『高砂』にああいうのを出すのは、私は好きやないんです。

『定家』

幽雪　これは謡が難しいです。全体の位取りも難しいです。位取りというのは、具体的に言えば、速さと調子、です。口では言えない何かもあると思います。

前シテの「偽りのなき世なりけり神無月」は、特殊な節ですし。全体に、地謡も含めて謡が難しいですね。

前シテがワキに「なふなふこれなる石塔御覧候へ」と言います。普通「なふなふ」は、離れたところから呼びかけるときの言葉ですが、ここではそんなに離れておらず、そばにいますから、呼びかけの「なふなふ」とは違います。

語りのところで「なほなほ語り参らせ候はん」と座っていきますが、計算していないと正中に座れないわけです。計算が見えたらいかんのですけど。

クセは居グセで、当然ですが、ぼやっと座ってたらいけませんね。謡に心を付けて座ってないと居グセは成り立たない、とよく言われます。

クセの始めの謡「あはれ知れ」も難しいんですけど、「つつむとすれど徒《あだ》し世の」の「つつむとすれど」という調子が大事です。もし高過ぎたら「雲の通ひ路絶え果てて」が出にくくなりますし。

大谷　この曲は謡本に小さく「心」と書かれているのが他の曲に比べて多いように思いますが。

幽雪　多いですね。「心」というのは大成版から入ってきた表記なんです。たとえば「我こそ式子内親王。これまで見え来たれども、真の姿は陽炎の石に残す形だに」の中でも、まず「式子内親王」の「内」の右肩に小さく「心」とあり、「残す」と「形」の間の中央に小さく「心」とあります。「内親王」の右肩にあるのは、明らかにここから位が変わってきます。「残す」と「形」の間にある「心」は、間として長くなります。しかし、「心」の付いている箇所をどう謡うかは、言葉ではなかなか表現しにくいです。

図67　『定家』

「我こそ式子内親王」のところから気持ちが変わります。今までの女とは違う、という。構えとしてはほんの何ミリかはっきりする程度です。

中入りの前、石塔(作り物)に自分の姿を彫り付けるように見せます。それまでに「これまで見え来たれども」でワキの方を向いて二足詰めるので、よっぽど位置を計算しておかないと。たとえば、真ん中に居て、立って、ワキの方へ二足詰めたら、その分上手へ寄るでしょう。そのまま正面向いて下がったら、上手へ寄ったままですね。下がってゆくと、後見が作り物の中に居て、そっと止めるんです。ただ、後見はシテの姿がはっきり見えないし、作り物の中から手を前へ突き出してはいけないので、難しいです。このとき、シテの体があまり反ってもいけないし、真っ直ぐな形で下がりたいですね。石塔に自分の姿を彫り付ける型をしないやり方もあります。私は常に、石塔に体を押し付ける型をしてきました。

最後、蔦に巻き付かれるところを何回も回る人もいます。しかしあんまり何回も回るのはね。「はかなくも形は埋もれて失せにけり」のところは、提灯がすぼまってゆくように座れ、と言われています。急にガタッといくのではなしに。それは足腰がしっかりしてないといけませんが、上手に言うてありますね。

痩女と泥眼

幽雪　このシテはもろに感情を出せませんし。きれいなところがどこかにあって、そのうえで執心が残っています。後シテの面は、大成版では泥眼か霊女《りょうのおんな》となっていますが、私はどこかに若さを残す痩女を使います。観世流は泥眼でやる、ということなんですが、河内作の泥眼が観世宗家にあったから、泥眼を使うことになったんでしょう。これは凄絶な色気のある面です。他の泥眼ではとても『定家』には使えないと、私は思います。痩女でやると、衰えた点が強調されるでしょう。しかし後シテの式子内親王に泥眼を使うというのは、どこかに美しさが欲しかったんやと思います。

『長柄の橋』

〈昭和四十三(一九六八)年十二月、金春信高のシテで復曲。観世流としては平成十二(二〇〇〇)年二月二十六日、大阪・大槻能楽堂自主公演能で幽雪(当時、九郎右衛門)がシテを勤めて復曲、金春流では省略された後場のシテツレ(娘)を出した。大槻能楽堂での研究グループは天野文雄、大谷節子、小林健二、大槻文蔵、片山慶次郎、片山清司(現九郎右衛門)、味方健、味方玄《しずか》であった〉

幽雪　私は復曲能や新作はあんまりしておりませんが、これは譜が残っていなかったので、私が節付と型付をさせていただきました。

大谷　この復曲は、準備から上演まで二年半をかけ充分に練って上演され、私も思い入れのある作品です。

宮辻　復曲初演時の間狂言は大谷先生が書かれていました。数寄者が茂山千之丞さん、公卿の家人が茂山正邦さんと茂山宗彦《もとひこ》さんでした。

幽雪　大槻能楽堂で上演した後、同じ年の十一月七日、名古屋能楽堂での「龍吟の会」で再演しました。

大谷　この再演のときには語り間を茂山七五三《しめ》さんに演じていただいたのでしたね。

図68　『長柄の橋』

幽雪　その翌年の四月十三日、京都観世会館の片山定期能でも勤め、私は計三回しております。文蔵さんは平成十四（二〇〇二）年二月十一日、大槻能楽堂でされております。

大谷　私達は残っている古写本の本文校訂をして台本を作っていくんですが、節付や型など、立体化する作業がどうなってゆくのか、本当に楽しみなんです。

幽雪　長柄の人柱伝説は知ってはいても、能の方は知りませんでした。動きなどイメージしながら節も付けたんですが、実際に動いてみると、少しイメージと違っていてまた作り直したりもしました。

大谷　後シテの出の「南無《なむ》幽霊《ゆうれい》成《じょう》等《とう》正覚《しょうがく》、出離《しゅつり》生死《しょうじ》頓証《とんしょう》菩提《ぼだい》」とあるのは、いろんな曲に出てきますが、同じ節なんでしょうか。

幽雪　真似たつもりはないんですが、だいたい、似たような節になりましたね。

大谷　人柱伝説を語る部分と地獄の責め苦の苦しさとを二重に表現して、かつ長柄の橋を今も造り続けている橋として悠久の時間の象徴とした、スケールの大きい能です。誰も見たことのない観念的な巨大な橋をとても見事に表現なさったと思います。

幽雪　巨大な橋を表現するのに、ワキ座の方から幕際まで見るというやり方にしました。慶次郎が「ああいう型がよく出来るなあ」と、言うてくれました。

後シテは鹿背杖を突いて大きい石を背負う姿にして、石をくくりつける太い縄は自分で撚《よ》りました。石は、初演のときは薄い木で四角い石を作りました。再演のときには業《ごう》を背負っているのがより表現出来るように、石をより大きくし、しかも背負ったときに下がらず、襟元近くまで来るように、発泡スチロールで、ごつごつした形に作りました。

それに、石を体に括り付ける縄を強調したかったんで、太くするのに木綿一反を使いました。うちの向かいが大工さんなので、そこから機械を借りてきて、それで撚って二本作り、さらにその二本を観世撚りにしたんです。あの綱が大切なイメージでしょ。そやから、背負わされている重み、業を表現したかったんです。

能舞台の柱や欄干を長柄の橋や橋ゲタとして型を創りました。最後は欄干の上に足をかけましたが、家内に「あれはやり過ぎや」と言われました（笑）。昔は、「よその舞台を使うときは、欄干に足をかけるのを遠慮すべきだ」と言われていたんです。しかしそんなことを言っていては表現出来ないので、させていただいたんです。足をかける型がある場合でも、足をかけないで手を下ろすだけでいいわけですが。

『野宮』

幽雪　前シテの里女が出てきて、ワキとの掛け合いがあります。「その時いささか持ち給ひし賢木《さかき》の枝を忌垣の内にさし置き給へば」のあたりで、若いころは鳥居の柴垣を見たり、いらんことをしていました(笑)。しかしこのあたりで里女から御息所に変わっていかんと。「御息所とりあへず、神垣はしるしの杉もなきものを」と続いて、御息所のことになっていきますから。普通に淡々と謡うてたら、気持ちが入っていかないでしょ。

賢木の枝を鳥居のところに置いて、立って、正中に戻ってきます。それが気の抜けた形になっては面白くないです。

中入りの前、「森の木の間の夕月夜。影幽《かす》かなる木《こ》の下の」あたりで向こうを見ます。きちんと見ないかんし、あんまり長いこと見てたら、中入りに間に合わんことになるので、段どりをしておかないといけません。

後シテの型どころとしては「人々轅《ながえ》に取りつきつつ」のところがあります。私ら、どうしてもそうっとやるんですが、桜間道雄さんは思い切ってやっておられました。なかなかそうは出来ないんですが。

「野の宮の夜すがら。懐かしや」と、御息所は(源氏と会っていた)当時の気持ちに戻ってゆき、破ノ舞になります。破ノ舞ですが、カケリの気持ちですね。纏《もつ》れてしまった自分の心、葛藤を表す狂おしい舞ですが、動くだけで舞は終わってしまいます。それをもう少し分かりやすく、説明的にしたのが「合掌留」の小書です。

図69　『野宮』

合掌留は、シオリの型から入って、普通ならワキ座から常座へ行ってカザシ扇をして廻ってきて大小前で左右——というのを、右へ廻って大小前から乗り込むような形で鳥居目指して行き、扇を置いて「(外へ出てゆくことは、やはり)出来ない」という思いを込めて思わず手を合わせてしまう、というやり方です。

合掌留では、寿夫さんが印象的な型をなさっていました。普通なら扇を置いて合掌して終わるところを、もう一歩進めて、鳥居の結界のところまで行って片足を踏み出してしまう、という、より気持ちを強く表現する型をなさっていました。これはどの型付にも書いていません。おそらく寿夫さんの発案でしょう。私もしたことがあります。

『井筒』と違って大口をはいているので、位も違ってきますね。

『班女』

幽雪　前シテの出てゆく位が難しいです。まず口開ケの狂言で、野上の宿の長に扮した狂言方が出てきます。茂山千五郎家は回って拍子を踏んだりされますが、茂山忠三郎家はされません。東京の狂言の方もされませんね。前シテが狂言方に追い立てられた形で出てゆく、それが難しいですね。吉田少将を思い詰めているわけでしょ。そやからあんまり早く出ていってもいかんし。かというてゆっくりしすぎてもねえ。うじうじした形で出てゆくのが、難しいです。昔の名人の方は出て来られたとき、本当に班女の感じが出ていました。

宿の長が、扇を持ってさっさと出ていけ、というようなことを言い、引っ込みます。宿の長が引っ込むと、シテの花子が扇を取る、というのが習いになっています。花子は扇を大切に取って、見て、思い出して泣いて、「げにやもとよりも」と謡い出します。この謡い出すまでの間、きっかけを大事にせなならんと思います。

大谷　思いに沈んでいる部分と、物狂能《ものぐるいのう》に共通する華やかな部分とを織り込んでいくところが難しいのでは。

幽雪　前半は沈んでいますが、後半は狂女物の形が出てきますから、沈んでいるときも狂女らしさが出てこないと面白くないですね。謡の節も相当華やかに出来ていますから。

後シテが出てきて「春日野の雪間を分けて」以下のサシがなかなか難しいし、大事にしています。「それ足柄箱根玉津島」と謡いながら常座へ入ってくるわけですが、この辺も大事にしています。それから「恋すてふ我が名はまだき立ちにけり人知れずこそ思ひ初めしか」だけでカケリの位まで持ってゆくというのは難しいんですね。割合短いですから。普通は『隅田川』もそうですが、カケリの前はもうちょっとあります。

「いづれか先に起臥《おきふし》の床。すさましや独り寝の」あたり、舞台の真ん中辺に床が敷いてある感じで、そこを指して座ってゆきます。居グセがあって「欄干に立ちつくして」で、シテ柱に立って寄りかかる型もありますが、私がよくやるのは橋掛りまで行って、一ノ松と二ノ松の間の欄干の柱へ右肩を寄せていって「そなたの空よと眺むれば」で扇を懐に抱えて東の方――舞台のワキ座の方を見る、という型です。欄干の柱といっても、見所側ではない後ろの柱に右肩を寄せる型も付けにはありますが、私はあまり見たことがありません。柱にもたれないで、左手で扇を抱える形で東を見る型が一般的なように思います。

図 70　『班女』

普通は中ノ舞を舞いますが、私は序ノ舞でやったことがあります。ちょっと重くなったでしょうけど。舞上ゲの型は扇を使って、割合上手に作ってあります。「鹿の音」は遠くを聞く感じで、「虫の音も」は近くを聞く感じで、というのは教えとしてあります。

私が勝手にしていることなんですが、夕顔を描いた扇をワキにも持ってもらい、こっちも同じ絵のを持ちます。「夕顔の花を描きたる扇なり」とあるので、それにこだわったんですが（笑）。普通は、紅《いろ》ありの揃いの扇を使っていますね。

『藤戸』

幽雪　こんど東京の観世定期能でお役を付けていただきました（平成二十六〈二〇一四〉年七月六日、観世能楽堂）。「二十歳余りの年なみ」という子どものお母さんですから、そんなに強くない痩女の面で、杖を持ってしまいました。

前シテの母にワキが「近う寄つて聞き候へ」と言います。「近う寄つて」とあるのでシテは立ちますけれども、二十二世、二十三世宗家の型付には「（近寄らずに）その場で聞くのが本来のやり方だ」と、書いてあります。

ワキが「取つて引き寄せ、二刀《ふたかたな》刺し」と、漁師を殺した様を語る場面があります。その「刺し」のところで、前シテの母が泣くのが口伝になっています。というのも、泣くタイミングが難しいんですね。またワキが「あのほとりぞと」と、漁師の死骸を隠したところを示すと、シテは一足《いっそく》で立ってその場所を見ます。今の私は一足では立てませんけれども。しかし、それでも、自分の子どもが殺されたのはあの辺やな、と母が自分で納得出来る見方が出来ないといけませんね。

「世に住めば、憂き節しげき川竹の」の後、地謡の「杖柱とも」で常座の方へ歩いて行き、それからワキを見込み、両手を広げながらワキへかかってゆくという幽室の型があります。観世左近先生の『能楽随想』（河出書房）にも「古い型」として紹介されています。左近先生がこの型をしたという形跡はありませんが、私は京都で一度したことがあります。こうすると、ワキとの距離が長くなるんです。だからいきなりワキの方へ行くんじゃなしに、その前にワキの方へ気持ちがかかって、それから行くので、迫力が出て、見ておられる方は面白かったようです。ここはワキに突っかかっていくというよりも、ワキの刀を取って自分もともに死のう、というつもりで行きます。先日は、思いきり両手を広げてワキの扇に触るぐらいまで近寄っていきました。相手は佐々木盛綱という武将で、自分は漁師の母で、仕返しできる立場

図71　『藤戸』

ではないんですけど、自分もともに死のう、という気持ちですね。杖を持っているときは、常座へ行くときに捨てます。

後シテで出てきて、サシの終わり、「思へば三途の瀬踏《せぶみ》なり」で、二足詰めるんです。しかし、それは型付にも書いてないんです。口伝というか、雅雪先生にそう教わりました。寿夫さんもそうしていました。

小書「蹉陀之伝《さたのでん》」のときに、橋掛りに居て一ノ松から欄干に杖を付け、幕の方を向いたまま〈舞台へは背を向けたまま〉下がってゆき、杖がシテ柱に当たったとき、くるっと回って舞台に入り安座する、ということもしました。これは「蹉陀之伝」の替の型みたいなものですね。

『三井寺』

幽雪　僕は「無俳《おかしなし》」でやることの方が多かったです〈小書「無俳之伝《おかしなしのでん》」。前場、狂言方が登場せず、夢占いの場面を省く演出〉。というのも、一所懸命拝んでいた気分が、ヲカシ〈狂言〉が出てきてやりとりすると、気持ちが離れてゆくというか、それがいいのかもしれませんが、僕はどうも離れ過ぎてしまうので。しかし初めての人は、抜いたりしてはいけません。ヲカシを一度は経験しなければ。

この曲はとにかく謡が非常に上手に出来ないとね。それこそ景色が見えてこないといかんし。ツヨ吟やらヨワ吟やらが入り混じっているわけですから。それを謡い分けないけませんし。しかし、それだけ謡いがいがあり、『三井寺』は私の好きな謡ですね。
今、謡本は大成版を使うてますが、私は弟子に（『三井寺』に限らず）大正版、昭和版も見なければ、と言うてます。

大谷　昭和版には京観世の岩井派の節付が少し入っている、と聞いたことがありますが。

幽雪　（謡本は）詳しく書かれていても、大切なことが書かれていないこともあります。大成版は素人の方にも分かるように丁寧に書かれていますから、観世の謡が広まっていった一因やと思います。しかし丁寧な分、プロにとって大切なことが書ききれていないところもあるわけです。
後シテ、サシの「いま目の前に拝む事よ」の「いま」は「い」で浮いて「ま」でハルに上がるんです。それが「ま」で浮いて一字ずつずれて謡う人がいます。その方がラクですから。よくある間違いですが。
「あの鳥類や畜類だにも、親子のあはれは知るぞかし」と、気持ちが鳥類などにゆくところや「ましてや人の親としていとをし、かなしと育てつる子の行方をも白糸の」と、きっちり謡ってカケリに入っていかないと、面白くないですね。それには相当、謡を稽古しないとだめやと思います。しかし、ここまでいろんな派手な節を謡っているけれども、カケリの前の一番盛り上がるところは「子の行方」なんです。

大谷　緊張の高まりが華やかさでもある形なんですね。そこが修羅能のカケリと違う、物狂能の面白さかな、と思います。

幽雪　カケリの後の地謡「月見ぬ里に、住みや習へると……」と、やはり地謡の「月は山、風ぞ時雨に鳰《にお》の海……」とは位が違うんです。前の方がさらっとしていて、「月は山……」の方が静かになる。前の方は謡本に「スラリ」、後の方は「サラリメニ」と書いてありますが、どの程度「スラリ」「サラリ」としているのか書いてないわけです。その場面、場面の「スラリ」「サラリ」ですから、それは自分で会得せなしょうがないわけです。「月は山」のところまでが、謡は一番難しいでしょうね。

鐘ノ段になると比較的謡いやすいです。

「百八煩悩の」の「百八」というところで鐘を撞くんですが、位置も角度も大事です。舞台の配置が悪いと絵にならないですからね。シテが自分であんまりこういうふうに鐘を撞く、ということは他にありませんね。鐘の紐(綱)をほどいて下がってきた位置で後ろに紐が一尺四、五寸垂れるように初めから紐を作ってるんです。だからその辺のところに行けばいいんですけれど……。大小前の正中《しょうなか》のちょっと後ろぐらいのところがちょうどいいんです。それが、紐の後ろが短かったり、前の方でたくさん余ってたり、妙な形になってたら(笑)。前がだらんと余ってたら、紐を引いても鐘を撞けない。シテが自分で長さを決めて紐を付けたらいいんですね。ツレもね、紐をちょうどいい加減の長さのところでシテの手に当ててくれれば、うまくいくんです。シテは紐を渡されるとき、紐をどの位置で渡されているか分からないですからね。『松風』もツレがちょうどいい長さのところで汐汲み車の紐を渡してくれなければ、紐を引いたとき、後が残ります。

「山寺の春の夕暮れ」から長いクセになります。こういうのはクセの終わりがゆっくりになってくるんです。「馴れし汐路の楫枕。浮寝ぞ変はるこの海は、波風も静かにて」と、クセの終わりが静かになってゆくのは大事なところです。それに「波風も静かにて」で、琵琶湖が見えてこないと。
　シテは「これは正《まさ》しき我が子にて候」と、子方に近いところまで行きますと、ワキツレに「急いで退き候へ」と言われます。そこでシテは下がりますが、下がった位置が問題ですね。大小前に下がったりしては具合が悪い。子方が「今は何をか包むべき……」と言うてる間、左へ回ることが出来なくなりますから。子方とのやりとりやロンギがしにくくなってきます。常座に近いところまで下がってこないといけません。型付には「下がる」としか書いてません。

図72　『三井寺』

宮辻　『三井寺』のシテは偽りの物狂い、という意見がありますが。

幽雪　狂女ですけれども、雪や月を見ているときなど、落ち着いた精神状態が多いですから、そう言われるのでしょう。

大谷　偽りの物狂いというのは、何とも妙な言い方なのですが、『三井寺』を偽りの物狂いとする記述は室町後期の『実鑑抄』という書物の、物狂いの分類に出てくるんです。シテが、漢詩を詠んで後の句が付けられなかったが、月を見て思い到った。これを詩狂(詩興)と言うんだ、という。狂と興の重なりとして物狂いを造型しているんですね。これは物狂能の中でもとても凝った作りです。世阿弥の物狂能を理解したうえで、漢の世界を重ねて作ったもので、私は随分洗練された感じがするんですね。こうした物狂能と、同じく物狂能の『柏崎』とは演じる上で変わってくるのでしょうか。

幽雪　演じ方は随分変わってきますね。『柏崎』は亡夫の形見をまとって舞を舞いますし。後シテはカケリがあって、善光寺の内陣へ入ってしまいますが、退去を命じられますね。「夜念仏いざや中さん」と、座って笹で拍子を取る笹の拍子というのがあり、これは舞台を笹で突くんですけどね。笹を捨てて扇を取り、亡夫の形見を着て舞いますが、小書の「思出之舞」では「鳴るは滝の水」の後、破ガカリ中ノ舞を舞います。『柏崎』は、本当に一心になっているので、その意味ではやりよい。『三井寺』よりも入り込みやすい場面が多いんじゃないでしょうか。

『柏崎』のクセは舞グセで長いです。舞ごたえがあります。これはクセの真ん中あたりの謡が速くなってきます。「是《ぜ》三《さん》無《む》差別《しゃべつ》……尋ぬべからずこの寺の」と。『三井寺』とは全く違うノリですからね。『柏崎』はロンギまでのところは非常にノリのいい舞をずっと舞ってて、ロンギになって落ち着いてくる。『三井寺』は違っていて、さっき言ったようにクセの後半で静かになりますね。

『三井寺』は謡に華やかな変化があります。「志賀の山越えうち過ぎて」「鳰《にお》照る比叡の山高み」とか、僕ら関西人はどこにその景色があるか分かるので、イメージがしやすい。それは大事なことやな、と思います。表現出来るかどうかは別として。

『三輪〈白式神神楽〉』

幽雪　鷹司政通さんと片山家の五世豊尚が作った「白式神神楽」の小書がありますから、片山家では一番大事にしている曲の一つですね。

前シテは里の女で「三度返《みたびがえ》し」があります。三度返し、というのはシテが「三輪の山もと道もなし、檜原《ひばら》の奥を尋ねん」と謡い、それに地謡が「三輪の山もと道もなし。檜原の奥を尋ねん」と入り、その後、シテが更に「三輪の山もと道もなし、三輪の山もと道もなし。檜原の奥を尋ねん」と謡いますから、三遍になるわけです。地取りの後、シテが謡い出す「三輪の山もと道もなし」を、関西では低い音で謡うという文献があるんですが、銕之丞家では一回目よりうんと高い音で「三輪」と謡います。先々代の左近先生も高い音で謡ってるんです。私もその方が効果的やと思って、そうしています。このときは最初の「三輪の山もと」の高さを考えて謡わんと、二回目の高い音が出にくくなります。

地謡の「秋寒き窓のうち」は、秋の寂しい気配が必要です。

「白式」のとき、ワキから衣を受け取るやり方として、手渡してもらうのか、自分で取るのか、シテの手にかけてもらうのか、どれが一番いいのか。父は、シテの手にかけてもらうのがいい、と書いていますが、実際にはやりにくい、と思います。普通はワキが下に置いたのを取ります。

図 73　『三輪〈白式神神楽〉』

後シテになり、最初の謡「ちはやぶる……」は引回シの中で謡います。「白式」の場合は、特に神々しさがほしいんですね。そやから「ちはやぶる」は、ピーンとした形で謡いたい。晴れた調子で、神々しい感じが最初の「ちはやぶる」で出て来ないといけませんね。引回シは降りてませんし。

「白式神神楽」と「誓納」

幽雪　「白式」は装束が白一色ですから、さっき言ったように神々しい形にもっていきたいと思ってやっています。「誓納」の場合は、緋の指貫をはきますから、随分感じが違います。私は「誓納」は二回やっています。面白いのは「白式」です。「誓納」は、立方も囃子方も難しいですね。たとえば拍子踏むところなど、太鼓のカシラとかに合わすわけですが、「誓納」は重々しく創られていますから、分かりにくいですね。「誓納」が宗家の一子相伝だったのが、そうでもなくなってきたのは戦後でしょうかねえ。私は笛方の森田光春さんの会で頼まれまして、初めて「誓納」をやらせていただきました。そのころはもう他の方もだいぶなさっておられました。華雪先生もなさっておられましたので、その型付でさせていただきました。

「誓納」や「白式」のときは詞章も変わります。「白式」の場合は、「ちはや掛帯引きかへて」の後、常は「ただ祝子《ほうりこ》が著《ちゃく》すなる」ですが「神体あらたに見え給ふ。かたじけなのことや」に、なります。「神体」ですから、三輪の神様という感じで演じています。

大谷　「白式」だと「神体あらたに見え給ふ」ということですから、神様が舞っているということですね。しかし、小書が何も付いていないときは、巫女がイロエや神楽を舞っている、という形に、ストーリーとしては、なっています。このときは……。

幽雪　巫女ガカリですね。

大谷　小書が付いているのと付いていないのと、シテの造型が随分変わってきますね。

幽雪　「白式」の場合は「三」という数字に割合こだわっています。先に言った三度返しもそうですが、常には踏まない三つだけの拍子があったりします。クセの終わりの「三輪のしるしの」のところです。

大谷　三という数字は三輪山伝説の中でとても大事なんです。能の小書には、これが口伝として秘かにこめられているのですね。

幽雪　神楽の前に序がありますが、『巻絹』は序がなく、『龍田』は序があります。しかし『龍田』のシテは神様なので達拝《たっぱい》はしません。普通の『三輪』は神様でないから、達拝をして、序があります。

白式の場合はもっと特殊で、足摺リ拍子というものから神楽に入っていきます。細かいことですが、少しずつ違います。

『望月』

幽雪　これは元々分家（観世銕之丞家）のものです。それは「獅子」を一つ、分家に差し上げた、ということでしょう。

ワキが「帰る嬉しき故郷《ふるさと》を」と次第を一ノ松で謡い、笠を脱ぎながら正面を向きます。そのとき、シテは後見座に居ますが、正面を向くとき、ワキと一緒にならないように注意します。ワキとシテが同時に正面を向かないように、タイミングをずらします。

下人（狂言方）に自分の名前を告げるな、と言うて宿を取らせますが、下人が宿屋の亭主である小沢刑部の前で「望月の秋長殿」と名前を言うてしまいます。そのとき、小沢は二歩下がります。そのタイミングや下がり方ですね。長袴を蹴りながら二足下がるんですが、あざとくならないように、しかもびっくりしたように見えたらいいんですが。

望月が泊まっている、と知らされた子方が「なに、望月と申すか」と言い、シテが「暫く」ととどめます。こういうところもあざとくなってしもてはいかんし。止めるところなど、どうしても芝居っ気が出るでしょ。謡と間のきっかけにもよるでしょうね。

またクセの終わりに子方が「いざ討とう」とはやると、シテが「暫く候」と、止めます。手だけ出して「暫く候」と言えばいいんですけど、体も向いて「暫く候」と言うと、芝居になってしまう。その方がやりよいかも分かりませんけれども。前シテのワキ方や狂言方、子方との掛け合いは腹芸でやっていかないと。オーバーにやったら、訴えかけも楽かもしれませんけれども、隣室に望月が居るという状況を案外写実に表現しつつ、敵討ちの気迫は必要ですね。

図74　『望月』

獅《し》子《し》頭《がしら》は自分で作らなければなりません。何かあったときに人任せではいけませんから。獅子の舞は、家元や分家がするときは一部を抜いて短くするんです。片山家もそうしています。これは本当の『石橋』を舞うのではなく、あくまで真似事ですから。しかし弟子には長くやらせるんです。笛が藤田大五郎先生で、銕之丞さんがやったとき、申し合わせで藤田先生が「違う。短い。初めからもう一回やれ」と言われた。銕之丞さんが説明して納得されたことがあります。獅子の舞のとき、起きたときは必ずワキを見込むことになっています。

「古式」はしたことがありません。ワキも（最後まで残っていて胸を突かれるなど）大変ですね。シテがワキの前で拍子を踏んで、寝ているかどうか試す、その分が増えます。ここは習いになっています。

『屋島』

幽雪　これは前シテが老体ですし、尉の曲が出来るようになってからするものですね。曲に重みを与えるには老体の方が適しているのではないでしょうか。

橋掛りでシテとツレが連吟します。この謡で、舞台に入るまでに景色が見えないと、と教えられました。景色が見えるようにはなかなか謡えませんけれど。

普通は錣引のところを床几にかけてやりますが、「弓流」の小書が付くと、下に居てやります。下に居てやる方がやりにくいです。『景清』などなら錣引で大方終わりますが、『屋島』の場合は、錣引が済んだ後、立って「佐藤継信、能登殿の矢先にかかつて馬より下にどうと落つれば」というところがまだあるでしょう。そういうところの型の方が、動きが多くて、錣引よりかえってやりにくいです。

ここも老体でやりますから、若い姿でやるのとはまた違ってきます。

「不思議なりとよ海士人《あまびと》の」とロンギになって、ここを水調子――低い調子――で謡う、と言われています。そう書いたものは見たことないんですが。しかし、私はだれてしまうようで違和感がありますね。私は、少ししっかり目に謡う方がいいな、と思っています。本当に音階を抑えてしまうとよくないな、と思っています。

大谷　京観世の岩井家や薗家が伝えていたという水調子でしょうか。

幽雪　そうだと思います。

大谷　水調子は『屋島』にしかないものですか。

幽雪　はい、親父はそう教えてましたね。本来の意味は「音階が低い」という意味です。ただ音が低くなる、というだけならロンギとは合わないですわね。ロンギとは本来、ワキとシテが話をするのが中心で、はっきりしたものですから、それを少し静かにする、という程度でいいんじゃないか、と思うんですけどね。

図75　『屋島』

後シテ、義経の位は、やたら強いばかりではいけません。「落花枝に帰らず」と、乱暴に謡ってしまわないように。初めての人はそうなりがちです。貫禄と品格がなければ義経にはならない。強さの中にも、どこか優しさがないと、ね。

後シテの面は平太《へいだ》ですが、片山家には「初花平太」というのがあるんです。ちょっと白い色をした品のいい平太です。それを「弓流」のときに使っています。赤い平太もありますが、あんまり赤いのは僕はいやなんで、ちょっと茶色っぽいのを近頃使ってます。

小書の「弓流」は弓を落として拾いにゆくだけ——キリの緩急など違いますが——他の習いのものとあまり変わりませんけども、「素働」が入るとね。弓を落とすのは、大鼓がチョンと打ち、小鼓がポと打つ、その「チョン」「ポ」の間にちょっとの間《ま》があるんです。そこでちょうど弓(扇)を落とし、それが舞台に当たった音と「ポ」が合うようにします。それには大小とシテがうまいこと呼吸を合わせないと。下手をすると、扇が落ちた音と「ポ」が合わないことになります。また、扇が大口に引っかかって、スパッと下に落ちないこともあります。

『遊行柳』

幽雪　前シテが舞台へ入ってきて古塚を見て「蔭踏む道は」と謡い、歩いてきた道——舞台では正面の方ですけど——を見て「風のみ渡る気色かな」と続けます。このあたり、道がずっと続いている感じ、果てしなく続いている道、という感じが出せたらいいな、と思っています。それは西行が歩いてきた道ですね。

後シテが出てきてから、地謡が「但使《たんし》一生《いっしょう》常不退《じょうふたい》。この華還《はなかえ》つてここに迎ひ」と謡います。「この華還つてここに迎ひ」で、作り物を扇で指す型があります。僕も六十歳ぐらいのとき、この型をしたことがあります。しかし型付には「名人ならではむつかしき型なり」と書いてあるんです(笑)。そんなにいい型やとは思いませんけども。「この華還つて」を強調するために、その型を作ったんでしょうけど、そういうことをしないでも、その方を見るだけでいけるんじゃないでしょうか。

大谷　それを書いた人は名人だったんでしょうか(笑)。

幽雪　青木道喜君が『遊行柳』をやるというので、この間、手を取って教えました。後シテの「手《て》飼《がい》の虎の」のところで、「この角度、この位置で、手を握りなさい。そして、じっと見なさい。これだけで勝負なんだ」と、言うてたんです。青木君は『山姥《やまんば》』やったとき、なかなかよかったたし、あのときの意気でやってほしい。彼はよく分かってるし、物も書けるし。

図 76　『遊行柳』

作り物の中へ入って留めたことが一度あります。「朽木留」という小書では、作り物の中に入って留めるんです。

『西行桜』の方が、骨格がしっかりしてますでしょ。『遊行柳』の方が少し情緒的で素人好みの謡でもありますけどね。

前シテの面は朝倉尉を使うことが多いですが、朝倉は僕にはちょっと大きいんです。後シテは皺尉に替えます。鋳之丞家に、皺尉の小さい、いいのがあるので、それをお借りしたことがあります。前シテと同じ面を使うことはありませんね。

《乱曲》

幽雪 私は雅雪先生に一通り全部習いました。一時、片山定期能で一曲ずつやっていこう、ということになり私が謡ったんですが、『玉取《たまとり》』『近江八景』『和国《わこく》』の三つをして中断になってしまいました。『鼓の滝』は一番派手で面白いですが、それなりに謡い込まないと、声が続きません。

宮辻 乱曲を全曲習われた人はあまり居られないでしょう。

幽雪 雅雪先生がここ(片山家)や大阪に来られたときに、乱曲を教えていただいてたんです。雅雪先生が一番ずつ謡われ、私はそれを真似してました。乱曲やから短いですけども。それこそテープに入れておいたらよかったなって、未だに悔やまれます。

大谷 銕之丞家にも残ってないでしょうね、雅雪さんの乱曲全曲録音などは。

幽雪 ないでしょうね。寿夫さんが乱曲を一回、何かの会で謡われた、そんなのはあるかもしれないですね。そんなに続けて乱曲を謡われたってことはないんですけども。乱曲の上巻くらいやと思いますけど。ちょっと今思い出せませんけど。やっぱり朗々と謡ってられたんです。この間も、寿夫さんが美声で朗々と謡ってる時分を知ってる人はもうあなたぐらいしかいないんではないか、って亀井忠雄さんに言われましたけども。寿夫さんはその後、宝生流の野口(兼資)先生に心酔していかれて、謡を変えていかれましたからね。謡を変えているときにはどうしても強うなっていくんですよね。そこから抜けなあかんのでしょうけどね。

大谷　その朗々と謡われていた寿夫さんの謡というのを、私、実際の舞台では聞いていないのです。私が大学一回生のときにもうお亡くなりになりましたのでね。でも『野宮』を謡ってらっしゃるのを、ラジオかテープで聞いて、それは本当にどこまでも伸びやかに声がお出になるんですねえ。どんなにずーっと張っていっても、声がついていく。心地よく謡に身を任せることができる。ああこんな謡を元々謡っておられたんだって、感じ入ったことがあります。

幽雪　寿夫さんはそれだけ力のある人で、かつて「玄祥さんの謡がいい」って言っておられました。それで、玄祥さんに「寿夫さんが、あなたのことを二オクターブ出るんじゃないかって言うてましたよ」って言うたら、「いやそんなことはありません」と、言うてはりましたけどねえ。玄祥さんも高音から低音まで随分幅のある人ですよね。寿夫さんは確かにそういう意味では本当に美声でした。

第八章　三老女

『姨捨』

四十五歳で披く

幽雪　私は四十五歳でやらせてもらったんです（昭和五十〈一九七五〉年三月九日、京都観世会館）。親父さんの十三回忌です。準備期間も比較的少なかったし、「今まで教えていただいてきた稽古の積み重ねでやったらええやないか」と思ったんですけどね。やることに必死で、プレッシャーは感じませんでした。当時、四十五歳で『姨捨』をした人はいなかったですね。自分は早いことしたい、と思ったんです。観世雅雪先生の居られる間にやっておきたい、と。当時（観世）寿夫さんやその末弟の静夫さん（後の八世観世銕之亟）も居られたし、そういう間にやっておきたい、と。その後、私は五十、六十、七十、八十代と五回やったわけです。

親父さんや観世流先々代家元の観世左近先生は、若くして亡くなっているので、三老女の中では

図77　『姨捨』

『姨捨』しかされてないんです。親父さんも四十五歳のときでしたけど（昭和二十七〈一九五二〉年五月二十五日、観世元義二十三回忌、京都・金剛能楽堂）。左近先生は（満年齢）四十三歳で亡くなる前、（同）四十二歳で『姨捨』を披いておられます（昭和十三〈一九三八〉年四月）。私のは、親父さんのやった『姨捨』とはイメージが違ったと思います。

大谷　そのとき、すでに御自身の「老女」観、『姨捨』観がおありになったということですか。何を基にされたのですか。

幽雪　書き物（型付）は参考にしましたけど。橋岡久太郎先生が大阪で『姨捨』の舞囃子をなされたのを、寿夫さんが絶賛していました。僕は見てないんですが。ただ常座で休息していた、それがお月さんと同化している形でよかった、と。紋付でそこまで表現出来るのは大したもんやな、と思いました。

初演するころ見た『姨捨』の写真で、こんなに体が屈んでいたのがありましたので、自分なりに（そんなのではない）『姨捨』をしたいと思っていました。少しは私も屈んでいたかも分かりません。

『姨捨』については、舞台を見てあまり感動した、という覚えはありませんでした。

老女の歩き方

大谷　謡本から御自身のイメージを立ち上げられて、一から創り上げられた?

幽雪　型付も参考にしながら創り上げました。寿夫さんもまだやってなかったし。もちろん雅雪先生に稽古を見ていただきましたが、先生は何もおっしゃらず見所で見ておられただけでした。

宮辻　老女の歩き方はお母様(京舞井上流四世家元、井上八千代)の歩き方を参考になさったとか。

幽雪　母は九十六歳で最後の舞台を勤め、数えの百歳まで生きていました。そんな母が歩いているのを見てますでしょう。すると、老人は爪先から歩けない。結局、太腿から歩いてゆく、というか。老人は、すり足はなかなか出来ません。しかし実際に稽古で、爪先が上がらんままでずうーっとやると、ノリがつきません。ノリがつかへんとお客さんは見てても面白うない。どこかで爪先が自然に上がるような形を何とか考えたい。(立ち上がって、爪先を上げない歩き方をして見せ)今は年がいってしもて、まともに歩くことも出来ず、老女のような歩き方しかでけへんようになってしもたんですけど(笑)。どうしたら、どこでノリを付けられるのか、当日まで分からなかったんです。

先々代家元の観世左近先生は『姨捨』をなさる前、百歳近い三世井上八千代の足を見ています。親父さんも見ています。しかし、六十から七十歳代で僕が母の稽古を見ているのと受け止め方が違うねやないか、という気がします。

大谷　最初のころは、どういう『姨捨』のイメージで舞っておられましたか。

幽雪　先々代家元の観世左近先生が話しておられるように、おばあさんみたいに写実的にやらないで、正常な形でやるように心がけたい、と思ってやりました。左近先生は「老女物というのは、写実的な構えでやる、と皆考えているけれども、そうじゃなくて、普通の姿勢、普通の正常な声で老女をしたらいいのだ」と、書いておられるんです。それは一番難しいことなんですけどね。こう書いておられるのは、一部に写実に徹した人達がいたので、それに対する反発みたいなものもあったんでしょう。親父さんは（『姨捨』を演じた後、型付に）「途中でくたびれて、易しい方に変わった」と書いてました。ピリッとしてやってたのを、（写実的な）老女の形に逃げたんですかね。

初演のとき、僕は京都の囃子方にも『姨捨』を経験してほしくて、囃子方の中に京都の人を誰か入れないといけない、と思いました。そこで太鼓方の小寺俊三さんをお願いしたんです（ワキ・宝生弥一、間・十二世茂山千五郎〈四世千作〉、大鼓・谷口喜代三、小鼓・大倉長十郎、笛・藤田大五郎）。大五郎先生の中入りの送り込みのアシライがとってもよかった。それにつれて自然に中入り出来ました。寿夫さんの地謡は今でも耳に残ってます。

四日後「初演　姨捨　演能扣《ひかえ》」を書き終えました（申し合わせの様子、型付など便箋三十六枚に細かく記してある）。僕の後援会報にも特集号としてそれに近いことを書いたんです。それも比較的細こう書いたんで「『姨捨』の型付をそんなに細こう書いていいのか」と言われました。

前シテは「月の深井」（観世宗家伝来、河内作）なんですね。退場するときに、後シテの老女をちょっと意識して歩いてました。「それがいいか悪いか、否定はしない。私も分からないが、退場は後段とのつながりを意識しない方が良いのではないか」と言った寿夫さんの言葉も、私の初演の型付に書いてあります。

このとき、自分では姿勢は割合しゃんとして、小さく構えたつもりはなかったのに、雅雪先生は「構えがよかった。あんまり大きくなくて」と言われました。そんなら私は小さく構えてたのか、と（笑）。

私が克明に書いた初演の型付は、老女物を披く人達には非常に手がかりになったと思うんです。演出ノートみたいな形に、照明のことまで触れていますし。その型付がいつの間にやら東京の方にも出回ってて、何であの人が私の初演の型付を持ってるんだ、と驚いたこともあります（笑）。（観世）栄夫さんにも「あれ（型付）あったら頂戴」と言われて「栄夫さんなら要らんでしょう」と言うたら「まあ、いいや。頂戴」と言われました。

お月さんと遊ぶ

大谷　五回舞われた中で、少しずつ変わってきておられますか。

幽雪　そうですね。年代ごとに変わってきていると思いますね〈平成二十二（二〇一〇）年十一月一日、八十歳で五回目の『姨捨』を舞った。国立能楽堂〉。『姨捨』がもう舞えんのやないかな、というこの年になって、老女とか、捨てられたとかいうことじゃなく、「お月さんに同化する」とか、「お月さんと遊ぶ」とかいう『姨捨』がしてみたい、と思い、国立能楽堂で最後の『姨捨』をしたんですが、思っただけでなかなかそうはいかんのですよね。老女の中では私は『姨捨』が好きですけども。

大谷　いえ、あのときの『姨捨』は、物語の筋を超えて、ただただ冴え冴えとした月光が降り注ぐ舞台でした。月光の中に佇む老女が、月の光の一部になっている、そんな犯し難い純粋な世界が出現しているのを見て、千載一遇の瞬間に身を置いているのだと思うと、誰かを呼んで知らせたいような、でも、誰かを呼んでしまうと、目の前の不思議が消えてしまいそうな、だから、ただただ、今が続くようにと、目を懲らして、その時間をいつくしむ、そんな不思議な体験でした。能はここまで透明になれるのか、ここまで純粋になれるのかと圧倒されて、私は見終わった後も、声が出ない状態で、茫然としていました。お月さんと戯れる能としての『姨捨』を舞える方は、幽雪さんしかいらっしゃらないと思いますけれども。

幽雪　体力的に一番しんどいのですが、夢かもしれませんけど、気持ちとしてはもう一回舞いたいと思っております。

宮辻　舞の型が大きく、華麗でした。

幽雪　それは扇使いや上半身の使い方のせいですね。これは母から採ったんです。(長女)三千子の五世井上八千代襲名披露の会(平成十三〈二〇〇一〉年十一月十七、十八日)のとき、母は九十六歳で、これが最後の舞台になったんですが、足が弱ってる分、扇は大きう扱うて、とても綺麗でした。元々、扇使いの綺麗な人やったけども。扇を丁寧に扱うて舞う。それを見て、下半身は動かんようになっても、上半身は大きう動かす。足は弱っても手で補うということもあるな、と思ったんです。僕はそれからは、老女でも、小さい打込ミをするんやなしに、手はゆったり、使えるだけ使いたい、と思い、そのようにしてきました。ニューヨークで宝生閑さんたちとそんな話をしていたら、そのときに、母が亡くなったんです。そやから私は、扇はゆったり使った方がいい、と今も思っています。その後は、『西行桜』でも『関寺小町』でも扇や上半身はゆったり使う形でやっています。

宮辻　九郎右衛門さんには、どんな点をアドバイスされていますか。

〈長男九郎右衛門さんは平成二十五(二〇一三)年九月二十九日、京都観世会館で『姨捨』を披いた。インタビューは九月二十五日〉

幽雪　この間、夜の八時ごろここで稽古をしていて「どうやろう」と訊くので、「ちょっと違うんじゃないか」と言うてたら、午前一時ごろになってしまったんですよね。やはり「弄月」というのがなかなか難しいのやないか、と思うんです。何でもない、扇をふっと持ったときにお月さんが映ってる、それを常座の方へ持って来て座ってる、ただそれだけの型ですね。清司には「力抜けんか」と言うてるんです。一所懸命やってる。どこかでもっと力が抜けてお月さんを、ぼうーっと見てるとか……。「お月さんの光のずうーと遠いところを見てくれ」と言うたんです。「おまえのはすぐその辺を見てるような気がするけども、もっと遠いところのお月さんを見てくれ。もっと自然に」と。それに「弄月」で「座ってるときにどこかこう、ふわーっと抜けたようなものが欲しいな」とね。僕も何回もやってきて初めて自然になっていったんかな、と思いますけどね。左右の代わりに略左右をするんですが、「その略左右でもどこか違うなあ」と。「袖担ぐのも、バッと担ぐのやなしに、後ろからこう、ぐうーっと上がったら袖がかかる。こうやったら自然に落ちてくる。撥ねることはないんじゃないか」と。強いもの、速いものとかは何ぼでもやれるんやけども、ああいう『姨捨』みたいなもんは、ねえ。

謡も工夫してるみたいですけど(後シテ第一声の)「あら面白の」のところ、「おまえのは「あら物凄の」という感じやな。「あら面白の」という感じとちょっと違うんやないか」と言うと、「謡うてみますから」と、「あーら面白の」と高う出ました。「高かってもかまへん。そやけど「あーら」と力を入れると「あら物凄の」という感じがしてくる。そやからもうちょっと下げてみて」と、こないだ大分言うてたんです。それから「明けばまた……さなきだに……」とサシの中で二カ所「明けばまた」と「さなきだに」(の謡い方)が変わってほしいな、と言いました。清司も忠実に心掛けてたらしいねやけど。

型付を読むということ

幽雪　清司は僕の初演の記録をよく読んでるさかいに、他のもっと前の型付も見なさい、と言うてます。けれどもそれは、あの型、この型、と迷うんやなしにね。読み違えするといかんので。

大谷　一つの型付を鵜呑みにして工夫を怠るのもいけないが、いろいろな型付を物色してつまみ食いに終わるのはもっとだめだ、という教えはとても大事なことだと思いますが、読み違える、読み落とす、というのは具体的にどういうことですか。

幽雪　たとえば「『姨捨』のクセで、角《すみ》から大小前へ回ってきて「蓮《はち》色々に咲きまじる」と、歩きながら見る」と書いてある型付があります。しかし「歩きながら見る」というのを読み落としてしまうと、全く何にもしないで正面へ出てゆく、ということになってしまい、「蓮色々に咲きまじる」という大事な情景が抜けてしまいます。そのため私は、角から大小前へ回ってきて正面を向いてすぐに左を見て、右を見て、面が直るころに正面へ出ていました。歩きながら左右を見る、というのが、当時はやりにくかったからそうしたんですが。

『野宮』でも、同じように注意するところがあります。（終盤）「妄執を晴らし給へや」のところで、ワキに対して合掌しますが、型付に「手を下ろしてワキを見る」と小さく書いてある。その「ワキを見る」というのを見落としてしまうと、僧の回向を頼りにする気持ちがなくなってしまうのではないか、と思います。

また、いろんな替の型を事前にいっぱい見ておいて結局決まらないで、その日に思い付きで（替の型のどれかを）やる、それはいかん、ということです。若いときはいろんな替の型をやりたいものなんです。僕らだんだん型を減らしていきますけども、若いころは違う型があったらやってみたい。しかし型には一つの主張があるわけですよね。あっちこっちの型付を見てやってると、そういう主張を見落としてしまう気がするんです。

大谷　型付（資料）には各々の主張があり、これを理解せずに使うことは、つまりは資料の文脈を無視して切り取って使うということ。これは古典研究にとっても禁じ手です。とても大事なことなのですが、それぞれの型付の「主張」を読む作業というのは、深く読まないと出来ることではありませんね。「読み違えるな」という教えは、型付の主張を読む作業を怠って安易なつまみ食いをするな、ということでもあるのですね。

少しノル

幽雪　九郎右衛門が『姨捨』を稽古してたのは僕の初演のテープで、(観世)寿夫さん、静夫さんが地謡でした。私が初演のとき、(爪先を上げず)太腿からこう歩いていたということ、中入りの後のイメージを持って、前シテも足を上げないでやっていたということ、それらを九郎右衛門は知ってますから、そういう稽古をしてますでしょ。それがクセになってきてました。それに、左右するんですが、それが「あんたのは左の肘がちょっと先に曲がるから、ずっと動いてる右はええけども、左が軽いんじゃないか」というふうに注意しました。

本申し合わせのときは家元に「私は正面で見させてもらいます」と言い、家元に後見に座ってもらいました。正面から見ていて気付いたことを、小さい字で便箋に書いていったら六枚ぐらいになりました。済んでから「弄月」のところはその場で注意して、後は家へ帰ってからメモを順番に追うて注意をしました。先代の家元(二十五世観世左近、元正)の抜きのとき(昭和六十三〈一九八八〉年四月)は「太郎ちゃん、ちょっとあんた正面で見てくれない」と言われて、正面から見たことはありますけどね。

先代家元はそのとき五十七歳で、これからよくなる、というときに亡くなられました。
九郎右衛門の稽古を見てて、老女の足はそうじゃない、と言うてはみても、一方、どこかで(老女の足から)離れられんか、とかも思いますから、「「弄月」の後、歩いてゆくところは少しノッたら」と言いました。いつまでもずっと同じ(運び)なのは、見ていてしんどいんじゃないか。少うし足が自然に上がる形に、と。『井筒』なんかの女の足になっては困るけども。全然爪先上げないままでやってるのやから、ちょっと足に力が抜けて、自然にノッて、老いを忘れてゆくような感じで歩いていけんかな、と。自分でやってきて、そう思えるようになったんですけどね。人にやったら、言える(笑)。

自然に

幽雪　「弄月」のところでも、あんまり早う(扇を)取らないように、と。取ったときに、ふとお月さんが映って……というふうに。(本番の)昨日は九郎右衛門も丁寧にやっててよかったと思いますけど。扇から左手を放す、その放し方も、「放しました」という感じでなく、いつの間にか自然に放れていった、という形にしてほしいな、と。そういうことはどこにも書いてないし、私がそう思て初演からやってきたわけですからね。それは私の初演時の『姨捨』の記録にも、具体的に書いてますし、お月さんが映ってそれを大事にしてどこまで持っていって、という具合まで書いてます。それを読めば、心得のある人には割合分かるかもしれません。もっとも、手がかりになるけれど、いつまでも頼りにしたらあきませんけど。

図78　『岩船』初シテの清司（十世片山九郎右衛門）と

そういうものは誰にも教えてもらえませんし。他の方の「弄月」を見ると、私の思てるのとはちょっと違う。これは、私が正しい、と言うてるんじゃなしに。

大谷　『姨捨』披きを報じる京都新聞の取材記事（平成二十五〈二〇一三〉年九月二十七日夕刊）の中で、九郎右衛門さんが「（父に）不意に手を取られまして、「ここ（の位置）や、ここ！」と修正されました。子どものころにはよくやられましたが、久しぶりで新鮮でした」と話しておられましたね。

幽雪　それは今言うた「弄月」のところです。扇の角度がね、なかなか……。こう扇を取って、この角度がちょっとこう立ってると、お月さんの光を受けてるような感じがしない。そやから扇を取ったときに、お月さんの光がふっと当たって、それを大事に持ってきて、そのまま腰を下ろしていって、ここにお月さんの光が映ったのを見る。見方がお月さんの方ばっかりやなしに、ここ（扇）も見る。そのきっかけがほんのちょっと早いんじゃないか、見てる時間がちょっと短いのと違うかな、と。そしてこう、ずうーっと遠くの方を見てて、はい済みました、というんじゃなくて、何となしに元に戻ってゆく。そういうところが若いときには分かりにくい。何でもないことなんやけど。すでに言いましたが、どこか力抜いたらどうか、という感じがありました。稽古のときにね。
大谷　老女物では「自然に」という言葉が何度も出て来ますね。
幽雪　いや、私がもう自然にしかやれんようになってきたんで（笑）。
大谷　九郎右衛門さんに『姨捨』を稽古なさるとき、繰り返しおっしゃるのが、「もっと自然にやれないか」ということなのですね。
自然に出来るようになる、というのは自分の一部になってしまわなきゃできないことですから、とっても難しいこと……。世阿弥が「安位」「安き位」と言っているのも、軽くやるとか、気楽にやるとか、何も考えずにやるとかいうことではなくて、稽古に稽古を重ねて、工夫をし尽くした後に漸く至る、作意を排した自然の境地のことですから、幽雪さんの感じておられることは、まさに世阿弥が最終的に目指したレベルの話だと思います。
幽雪　いやいや。先日、檜書店さんから「世阿弥の言葉で何か」と言われて、今やったら「老後の初心忘るべからず」という感じです、と言うてたんですけど〈山中玲子監修『世阿弥のことば一〇〇選』檜書店〉。

九郎右衛門家の『姨捨』

宮辻　昨日の九郎右衛門さんの『姨捨』はヘンに老女を作ったりせず、清浄で神々しい感じがあり、感動的でした。幽雪さんは後見でご覧になられていて如何でしたか。

幽雪　見たいんですけど、後見に居ると、前の（囃子方の）裃やらでなかなか見えへんので（笑）。あとで青木道喜君に「首を傾げたりしてはりましたが、あれは本番ですからね」と注意されました。そんなことはした覚えはないんですけど（笑）。

大谷　昨日、九郎右衛門さんの前シテの出は、「あぁ、いい謡だな、自然な謡の収め方だな」と思って聴きました。ここ何年か、九郎右衛門さんの能を拝見していて、その時々によって謡を工夫して模索しておられるなあ、とずっと思っていたんですが、昨日の『姨捨』は本当に自然な感じで幕の奥から呼び掛けの謡が聞こえてきて、「あぁこれは、ある域を超えて、満を持しての『姨捨』だな」と思いました。

幽雪　稽古のとき、呼び掛けが小さいな、もうちょっと遠いところの人に言う感じが欲しいな、と言いました。でもまあ、僕の若いときより、あの人の方が謡は大分上手です。

大谷　昨日の九郎右衛門さんの『姨捨』は、片山の色だな、片山の型だな、片山の舞台の空気だな、と感じました。装束の色合わせにしても凛と澄み切って、且つ柔らかな明るさがあって……。『姨捨』は本説、つまり典拠のある物語から作られてはいるのですが、そこに表現されているのは、お月様と一体化してしまったような世界。そんな抽象化された世界まで表現できる美的レベルの高さが要求される作品ですね。

見所にも熱気を感じました。清司さんが『道成寺』を披かれたときの会場の熱気は、今でも忘れることができません。あれほど熱くなった見所の空気を感じたことはありませんでした。九郎右衛門家を次に継ぐ者はどんな芸なのか、みんながその歴史的瞬間を目にしたくて集まっている、通路も埋まって、立ち見もぎっしり。大変な熱気でした。こんなに多くの期待を背負っていかなきゃいけないというのは、大変なことだな、とドキドキしました。見所の片隅にいた私でさえ、迫ってくる重圧を息苦しいほど感じたぐらいですから、ご本人が受けられたプレッシャーは相当なものだったでしょう。でも、それを自分のエネルギーとして取り込んで舞台に昇華され、見事に舞い納められて、あっぱれだなあ、見事だなあと、なんだかとても嬉しい気持ちになりました。こんな大変なこと、なかなか出来ないことだと思います。これをやってのけることが、結局、家を継ぐということなんだと思います。そういうのは、どうやってお伝えになるんですか。

幽雪　どうやって、というのはないんですけど。九郎右衛門の『姨捨』が終わってから家元が挨拶で、「親父さんがいて（『姨捨』を）やるのと、いないでやるのとは随分感じが違う。今の内にせいぜい（親父さんの）引出しをいっぱい抜いて、開いておきなさい」と言うてられました。私の生きてる間に九郎右衛門は三老女などはやっといてほしいし、見ておきたい、と思っています。

『姨捨』初演で配った文章に書いたことなんですけれど、老女物というのは七十歳以上になってからやって「恋しきは昔。偲ばしきは閻浮《えんぶ》の」というあたりまでに全精力をほとんど費やし、なおかつ肉体的苦しさに耐えて立っている。それが老女物で表現すべきギリギリの極限につながってくるのと違うか、ということですね。『姨捨』初演のときは、それを若い者がやるときにどうするか、最後まで分からずじまいだった、と私自身書いています。九郎右衛門の『姨捨』を見ていても、同じことを考えました。「恋しきは昔。偲ばしきは閻浮の」と、あそこまでの長時間、七十ぐらいの（役者が）耐えてきて、それが老女物であろう、と思っても、それを四十歳代でやるというのは、どうしたらええのか、と。私がやるときは、そんなことはもう考えないようになりましたが（笑）。

面

大谷　九郎右衛門さんの『姨捨』の面は当日、替えられたのですか。

〈九郎右衛門さんによると、「本番の一週間ぐらい前、現観世宗家の観世清和さんが、所蔵の月の深井と無銘の深井を届けてくださいました。無銘の深井が怖いぐらい、いい面で、それを使わせていただきました」という〉

幽雪　（本番の）十日ほど前に家元が「何でも好きな面を持って行ってあげる」と言って下さったので、「せっかくのご好意やからお借りしたらどうや」と勧めたんです。前シテに使った面は本当にいい深井でしたね。無銘で作者は誰か分からないんですが。（観世宗家蔵の）「雪月花の深井」よりは古いのではないでしょうか。「月の深井」に一番似ていて、ちょっと伏目になっていて、いろんな思いが入っているような面です。付けるとき、「ウケ」（面の角度）を見て、このくらいの角度でいい、と思うと、目がちょっと下を向いている。というて、こう面を上げたら全く利かない。付ける角度は非常に難しい面です。「月の深井」と比べて、どちらを使おうか、大分悩んでたみたいですけど。

大谷　あまり年を取っていない、少し若さも華やかさもある、でも深い面ですね。

幽雪　「花の深井」みたいな若さはないのですけども、深い感じの面できれいな一面もあるし強いところもある、いい面ですね。

後シテの姥《うば》の面（観世宗家蔵、伝越智作）は本当にいい姥ですしね。あれは「切通の姥《きりとおし》」と言うんです。「切通」というのがよく分からなかったんですが、『檜垣』の伝書を見てたら、「切通の能」と書いてありました。「切通の能」とは三老女という意味で使っているように思います。そういう言い方があったみたいです。面の左と右が少し感じが違うのです。

大谷　そのせいですか、優しいイメージもあるけれども神々しい感じですね。藤田六郎兵衛さんの強い笛がとても合っていました。月光が射し込む、という感じで。

装束

大谷　装束も、四十代で『姨捨』をお舞いになるのに雰囲気がちょうど合っていました。前シテの唐織は新調されたのですか。

幽雪　はい。古いのもあるんです。古い割にはまだ傷んでないし、ちょっと小さいですが、ちょうど西陣の「渡文《わたぶん》」さんが「復元させてください」とおっしゃったので。娘さんが一所懸命やってくれました。僕らも「糸はこの色で」とか、「茶地の段がもうちょっと立ったらいい」とか、いろいろ注文しました。僕ら糸の色を見るのは束を捩じって見るんです。捩じると濃い色になるでしょ。すると、織ったらどのくらいになるか、分かります。僕はルーペで見るし、なぜこうなるの、とかいろいろ質問する（笑）。織にかかってから、半年ちょっとかかりました。黄色が割合きれいに見えました。照明は、申し合わせの後で、味方玄君、分林道治君、大江信行君らも手伝うてくれて、全体としてはいつもよりちょっと暗い目にしました。これ以上暗いと、装束の色が出てこないのです。

僕が『姨捨』を披いたときの唐織も、その後復元したんですけど、全然違うものになりました。生地の裏の焼けてない糸のところを戻して見て、その色に近い色でよく出来てるんやけども、『三輪』の前シテぐらいに着れるかな、というぐらいなんです。不思議なもんです。

それに昨日は、拍手がもうちょっと後であったら、と思いました。以前は全員幕に入るまで、シーンとしてました。こっちがお願いしてそうなるねやなしに、自然にそういう状態になったら一番いいんでしょうけれどね。もうちょっと余韻が欲しいな、というところで拍手が起こることが多々あるので……。「拍手お断り」なんて言うたら、「拍手は誰がするとは決まってない」と言う人もいますけどね。せめてもうちょっと後に拍手があった方が……。

《『姨捨』上演記録》

初演：昭和五十（一九七五）年三月九日、「片山博通十三回忌追善能」京都観世会館

二回目：昭和五十八（一九八三）年十月十六日、藤田六郎兵衛主催「能と狂言の会」名古屋・熱田神宮能楽殿

三回目：平成二（一九九〇）年十月二十日、「第十回片山九郎右衛門の会（東京公演）」観世能楽堂

四回目：平成十一（一九九九）年十二月二十三日、「国立能楽堂特別企画公演」国立能楽堂
五回目：平成二十二（二〇一〇）年十一月一日、「国立能楽堂特別企画公演」国立能楽堂

『檜垣』

初演のころ

〈初演は平成二〈一九九〇〉年五月十九日、京都観世会館〉

幽雪 (今ビデオを見ると)年寄の足で歩いているけれども、何でこないにこだわってたんだろう、と思っています。名古屋で舞った三回目(平成八〈一九九六〉年十二月七日、熱田神宮能楽殿)のビデオのラベルの上には「よくない」と自分で書いているんです。今度、もう一回見ようかな、と思ってるんですけど「よくない」のを見てもなあ(笑)。初演のビデオを見ると、きちんとやってるんですけど、何となしに硬いし、歩き方ばっかり考えてるさかいに、これは違うな、と。型付に「白拍子であって百に余れる年やから、普通の人ではない。注意しなさい」と書いてあります。しかし、どう注意するのかは書いていないわけです。初演のとき、バケツに縄付けてあの(と、自宅中庭の方を示し)井戸へ降ろし、どういうふうに手繰り上げるか、実際にやったんです。味方玄君が書生に居るころで、「ちょっとバケツ取ってこい」と持ってこさせて、縄をくくって降ろして上げてました(笑)。そのころは水がまだあったんです。

宮辻 実際にバケツを手繰り上げてみてどうでしたか。

幽雪 やったからといって分かる訳ではないんですがね(笑)。今はもう釣瓶もほとんどないでしょう。そやからやってみんと、と思って。型は、掌を上向けて持つわけです。能としては左手を高く上げて、と言われてますが、あんまり上げたらサマにならなくなるし。そこはほどほどがいいと思います。

大谷　井戸の釣瓶を実際に手繰ってみられるとは、研究熱心でいらっしゃいますね。手繰ってみて、御自身の中で動作の意味を消化されるのですか。その作業は具体的にはどんなふうに進められるのですか。実際にやるとこうだ、ならば能の型としてはこう、というふうに、写実から入って写実から離れられるのですか。

幽雪　写実ではないんですけれど、一本の釣瓶がどのくらいの力で上がってゆくのか。能の型では「三つ輪を作る」となっていますが、その上げてゆく力というものを、自分で試してみたい、と思っただけです。

初演の後、その型付も書いたんです。『姨捨』のときみたいに細かく書いてませんけど。

図79　『檜垣』

八十三歳で四回目を舞う

〈平成二十五（二〇一三）年十月十九日、大阪・大槻能楽堂で四回目の『檜垣』を舞った。以下は

その演能前の話。インタビュー時は同年九月三十日〉

幽雪 今の家元が『檜垣』を披かれるとき、私は『檜垣』をすでに三回やってましたので、三回のビデオを全部送ったんですけども、「初演のを見てください」と言ったんです。今回のように、家元が『檜垣』をやった翌日に僕も『檜垣』をする、というようなことはこれまでめったにありませんね。こんなことは初めてで終わりですかな。

宮辻 まず、罪業を持つ老女の表現は。

幽雪 「今も苦しみを三瀬川に。熱鉄の桶を担《にな》ひ。猛火《みょうか》の釣瓶を提げてこの水を汲む」という文句があるように、白拍子であったがための罪で永遠に水を汲み続けんならんという地獄に堕ちてるから、水桶を提げてるわけでしょ。それは『求塚』の莵名日少女《うないおとめ》みたいに、自分は何もしないのに二人の男に想いを寄せられたために川に身投げして死に、男達も刺し違えて死んだ、その罪まで背負って地獄に堕ちてるのと似たような形だから、『求塚』的に『檜垣』を捉えたら、やれるんじゃないか、と思います。

大谷 輪廻のイメージが強くありますね。

幽雪 そうでしょうね。確かに、水を汲み続ける、というのは輪廻のイメージですね。

大谷 動作にこめられるイメージがあるので、そういう意味では作りやすいかもしれませんね。

幽雪 (片山家二代)幽室の型付に「その水、湯となつて」のところに大小(鼓)のアシライがあった、とあるので、宗家の古い型付も調べ直したら、やっぱり文政のころに「当方に伝わった謡い方はないけれども、アシライがあることもよく心得て謡え」と書いてありました。これまではやったことがありませんでしたが、今度は「そのアシライを是非やってください」とお囃子方にお願いしました。

宮辻　ここでアシライが入ると、謡いにくいんですか。

幽雪　いや、うまくはまれば謡いよいんです。お囃子の人は難しいでしょうが（「その水、湯となって」と、机を軽く叩いて拍子を取って謡い）囃子に合ったような合わんような謡ですけども、ここにそういうアシライがあると、謡としては面白いと思います。

また古い型付に「『檜垣』は白拍子で舞の名手であって百歳の老女やから、その辺をよく考えてやれ」という書き方がしてありました。ですから足の運びも、どう歩いていいのか。老女やけど「昔手馴れし舞なれば」という文句もあるし。初めは『姨捨』の老女のような足で歩いてみたんですけれど、そこをどうしたものか、と考えました。

それから、後シテの老女が「いざ汲まん」と言うときに作り物の柱に掴まりますが、普通は柱にはこう（親指を上に）掴まりますわね。ところが、これだけはこう（親指を下に）外から持つんです。それから立って（地謡の）「釣瓶の水に」となり「影落ちて袂を月や昇るらん」で桶を見る、そういうところがやってて面白いけれども、難しいです。

大谷　和歌に「袖に（月を）映す」という表現があるんです。そういう定型の文学的表現を感じさせる型になっているんですね。型が喚起するイメージに、言葉のイメージが響き合う。

釣瓶の懸縄を手繰り上げる

幽雪　響き合う、と言えば「釣瓶の懸縄」というところに大鼓の手が沢山あるんですよね。けれどもそこに地謡があまりノッて謡うと、シテの僕の方はやりにくいし。「釣瓶」と言うても、滑車の釣瓶ではないわけです。縄を手繰ってゆくと、だんだん軽くなるでしょう。手繰り始めが一番しんどい。その手繰り上げ方を具体的に書いてある型付もあります。(手繰り上げた縄の)輪をここで三つ作る、と。つまり三つ作るには、「釣瓶の懸縄。繰り返し憂き古《いにしえ》も」の「縄」で釣瓶を持ってきて「き」の字に当てて手を下ろすまでの間に三回、手繰り上げる、ということです。

白拍子としてきれいに舞いたい、と思うんですけど、もう自然に年寄の足になってるんです。どうしても。昔のような歩き方ではないわけですよね。クセも舞って、序ノ舞も舞って、と舞が長いですわね。『檜垣』の舞はあまり大きく舞うな、と言われていますのに。

それと、序ノ舞の中ほどにある「休息」というのは本来、幽霊にはないんです。生きた人間が休息するんです。『鸚鵡《おうむ》小町』も『関寺小町』も『木賊《とくさ》』も休息があります。『姨捨』の「弄月」も、あれは休息じゃなくてお月さんを眺めてるんだ、という理屈になってるんですけどね(笑)。今度の『檜垣』では休息を、作り物の柱に少しもたれる、という感じで、立ったまま、座らないでやろう、と思っています。

最後の場面で、シテの老女がワキ僧の前まで行き、扇を舞台に置いて「罪を浮かめて賜《た》び給へ」と合掌をします。このとき、扇の上に水桶を置く型と、扇のみ置く型とがありますが、水桶を扇の上に載せるのは、ぼくは要らないと思います。そやから最後は扇を水桶の代わりにして「罪を浮かめて賜び給へ」という形にしたい。水桶は使いませんけども、水を手向けにワキの側まで行きたいんです。しかし、過去三回はどうしても行き切れてないんですね。前シテの型でも「いつもの如く今日もまた御水上げて参りて候」というところは、型付に「ワキから三尺ほどのところに」と書いてあるんですけど、それをすると、次に作り物のそばまで来て座るのが難しい。その間をどのように処理したらいいかな、と思っているんです。最後も同じところに行きたいんですけど、なかなか行けないし。

型が減ってゆく

幽雪　稽古の段階で型が減ってゆくんです。これ要らない、と。たとえばクセの中でも、もう一つ回ってサシコミ、ヒラキをすると、水の中を見て扇を開いて大左右した後、スミへ行ってかざして回ってくる――ということはやめてしまおう、と。スミへ行ってかざす必要はないんやないか、そのまま作り物のところへ戻ってきて「昔手馴れし舞なれば」に移ってゆこう、と。

一昨日《おととい》（平成二十五年九月二十八日）、『檜垣』の稽古を始めからやってたんですけど、スミから正面へ行って釣瓶の縄を上げる、その前に足が痛《いと》なって、ちょっと止まって足さすってから、また後を続けたんですけど、本番（同年十月十九日）でこうなったらどうしましょう（笑）。

元々、私は毎日二時間ぐらい稽古してたんですが、四、五年前、膝下あたりがちょっと痛んできて、

病院へ行ったら「腰から来てるんだ」ということで、

「隠居しますか、まだ舞いたいですか。隠居するなら何もしない。まだ舞台を続けるなら手術しましょ」

と、お医者さんに言われました。脊柱管狭窄症でして、手術して血の流れをよくするわけですね。手術してよくなったはずなんやけども。「八十三、四の人が重い装束を着けて舞うとは、お医者さんも思ってなかったんと違いますか」と、九郎右衛門が言うてましたけど。実際に面を付けて装束を着る、というのはなかなかしんどい、と思てます。

若いときにやれたものが、足を心配しながらやることになる、などとは考えたこともなかった。それが歩くこと自体が遅々となってきてるんですからね。夜、ここ(自宅稽古場)で稽古してると、あっちのガラスに映るんですよね。そのときに自分の足を見てて、老女の足で歩いてるつもりやないねやけども、これでいいのかな、とちらっと思ったりする。あんまり鏡を見て稽古したらいかん、と母がいつも言うてましたが……。ぼくもそう思ってます。

大谷　世阿弥が「離見の見」と言いますね。鏡を見ない、というのは、自分で感知する外からの目を養うため、ということでしょうか。

幽雪　そこまで難しいことは分かりませんけども、鏡を見ると、この動きはこれでいいのかな、ということにばかり集中してしもて、一つの流れの中で動いているものじゃなしに、格好ばっかり作ってしまうからいけないのじゃないですか。他の方はどうか、聞いたことはありませんけども。尋ねられたら、「あまり鏡を見てやらないように」とは言いますけどね。

大谷　鏡を用いず自分の姿を見るなんて、感覚を研ぎ澄ましていくような感じですね。

申し合わせ

幽雪　申し合わせではね。「釣瓶の懸縄」っていうクセの頭ですね。あそこにある特殊な大鼓の手――言葉が立つように常間を外してはめ込んでくるんですが、一回目の申し合わせのとき、「釣瓶の懸縄ッ」っていうようにすごい速さで、はまってるんです。それはきれいにはまってんねやけど、しかし速さも程度によるのでね、とてもそれでは僕が縄を持って繰り返して手繰れんで、って言いまして。ちょっと遅くしてもらいました。亀井広忠君は、そらもう勢いはいいし、ちゃちゃちゃっと、うまくはまるさかいに。それは面白いのやけど。他は割合に、そんなに注文出さんでも、比較的、何回か稽古してる間にできてゆきました。

幽室の謡い方の付けには、「「釣瓶の懸縄」まではすらっと謡って、あんまりゆっくり謡うな」ってことが書いてあるんです。その代わり「繰り返し」っていうところから緩めなさい、と、そこまで具体的に書いてます。

演能後の話

大谷　先日（二〇一三年十月十九日）はすばらしい『檜垣』でした。

幽雪　翌朝早くに東京の評論家の方が興奮して「とってもよかった」と電話をかけてきてくれました。大槻（文蔵）さんからも「お客さんからの評判も上々です。（大槻能楽堂改築）三十周年でやっていただいてよかった」って言っていただきました。

常は前シテで「いつもの如く今日もまた」と言うて真ん中（正先）へ行き、桶をそこへ置きます。それがやっとです。しかし「桶をワキの前三尺のところに置け」とある古い型付の通りにしたい、と思ったので、「山下庵《やましたいお》に着きにけり」って着いてから、ワキのところまで行きました。その間、全く何の囃子もなく、私がこつこつ杖をついて歩いていくだけの、何にもない間《ま》があります。それが保《も》つか、保たんかということを、非常に気にしてたんですね。緊迫感がある、て思われたらええし、お客さんが、あ、ちょっとここ間が抜けてるなと、思われたんやったら具合が悪いし。

大谷　何にもない間、つまり空白の時間が、間が抜けないように、緻密であるようにというのは、能においてとても重要なことですね。

幽雪　緻密であるというよりは、もしそこで私にも緊迫感があって、全体がこう緊張のままでいけたら、まあ、その間は有効な間になるということです。それが、気が抜けたら、全くの死に間《ま》になりますでしょ。死に間になったらかなん（かなわない）と思って。で、九郎右衛門やら大槻文蔵さんやらに大丈夫ですかって尋ねてたんですけど、別に何も気になりませんけどって言ってた。死に間という言葉は、よく使うんですけどね、玄人仲間では。『山姥』でも、出てきて掛け合いをするでしょ、ちょっとだけ。で、あと黙ってこう入ってきますわね。ああいうところが、何にもなしに気が抜けたまま入ってくると「これは死に間になってだめだよ」と。そういうふうに言います。

大谷　有効な間に対して、生きていない「死に間」。これは能にとって、とても大事なことばですね。現代人は、会話をしているときにも、間ができることを極端に怖がりますね。でも有効な間、「死に間」ではない生きた間というものがあり得るのであって、その部分が本当はとても大事。「死に間」を埋めることに汲々とするのではなく、生きた間を生むことが大事ということですね。間が空かないように、ずっとしゃべり続けたり動き続けたりして間を潰すのではなく、間を生かすことができるというのは、しかし相当な力量がないとできないことですね。しばらくしゃべってなくても、動いていなくても、充分なものを表現できているということですから。まあ、じっとしてるって……、間が持てる……役者になれるかなれないかということでしょうけれども。

手向けの水

幽雪　やはり気になったのは、ワキに水桶を手向けに行くところ。「ワキのそば、三尺ほどのところへ桶を置け」というのが、古い型付にあるのは先日お話しした通りです。ワキの三尺ほどのところへ桶を置いて、「御水上げて参りて候」って言いながら立って、帰ってゆくときに、「毎日老女の歩み」というワキの詞《ことば》になる。それをどの辺でワキに声をかけてもらおうか、考えました。初めはいろんなこと（ワキの宝生）欣哉さんに言うてたんです。けれど、もう最終的には、僕がここまで来て、水桶を置いて、立って謡うから、その謡が消えれば構わずに詞《ことば》を語ってくれ、そしたら、「せめてはかやうの事にてこそ」という文句で座るからと、あまり考えずお互いに自然にやることにしました。そうすると最後の、扇を手向けに行く位置とほぼ同じところへ桶を置けます。そのかわりにこう座って。割合屈んでましたでしょ。屈んでこう、ずっと桶を押し出してたんです。そういうのは、自分でちょっと考えたところです。古い型付やら採り入れて。そうやって、前シテが桶を置くのと、後シテが最後に扇を置くのと、ほぼ同じ場所に置いたつもりです。今の型付ですと、真ん中に座って桶を置いて、それでもうワキに手向けたことになるんですけど、ワキの三尺ほどのところへ桶を置く、という昔の型の方がごく自然になると思いますね。閼伽《あか》の水〈仏前に供える水〉を手向けたというんだったら、やっぱりワキのそばへ持っていくべきやと思いますね。

大谷　身体の動き全てが、とても細やかな感じがしましたね。だからワキとの気のやりとりというか、交感のようなものが、とても自然な形で伝わってきましたし、老女の動きに老女の心が添って、閼伽の水を手向ける、そのシンプルな動きに、老女の日々の営みが表現されていたと思います。ここに老女の心を表す言葉が特に置かれているわけではありませんが、一挙手一投足に、老女という存在そのものが表現されていたと言いますか、そんな感じでした。

幽雪　足がだんだん言うこときききませんのでね。

大谷　それが本当に、作る老足ではなくて、老女としての自然になり得ていた。

幽雪　それはしょうがないことで(笑)。

大谷　いえ、老人が舞台に立てば老女の自然が立ち現れるかというと、そうではない。私は老女物の優れた舞台を見ると、ありきたりな言い方ですけれども、能は凄いものだなと改めて思うのです。老女物を演能の最終目標に置くというプログラム、その考え方というか、思想というか、先日の舞台も、そのことにはっとさせられるものでした。

その水湯となつて

幽雪　先日、お話ししたように、幽室の型付では、「その水湯となつて」のところにアシライが入ります。幽室の謡い方の付けには「その水湯となつて」のところは「この謡、ノリ謡うこと、囃子方へ心得致させ申すべきこと」と書いてありますね。囃子があることを考えずに「その水湯となつて我が身を焼く事」って謡ったら、囃子方も打てないんです。「その水湯となつて我が身を焼く事隙もなければども」って、ある程度気持ちがノッて、謡わないといけない、と幽室が書いているわけです。囃子のことにも非常に詳しかったんでしょうね。「葛野流はこう打つ」とか、「葛野流はここに手がある」というような具体的なことを書いています。

幽室の付けでは、ここは五ツ地になっています。五ツ地っていうのは、ここのアシライの手(譜)です。亀井広忠君がそれを欲しいって言うから型付のそこのところをコピーして差し上げたんですけどね。以前、お父さん(亀井忠雄)とやったときにも「(アシライが)ないですか」って言うと、「あるんだけどもね、シテの邪魔になるからね」って言うてやらなかったんですけども。「今度打ってくれますか」ってお願いしたら、「申し合わせで一回やらしてもらって、邪魔にならないようならば」っておっしゃったんで、「大丈夫です」って言うてそれで打ってもらったんです。僕らの方には、そういう型付がずっと江戸の時代からあるので。ただ、お囃子のことを考えずに謡うと、せっかく囃してくれても生きないということなんです。せっかくやったら囃してほしいなと、もちろん思いますし。申し合わせで囃してもらって、「どうもないでしょうか」って訊かれるから、「どうもないです。是非打ってください」って言うたんです。

大谷 地謡は、シテの作る世界をしっかり支えていました。

幽雪 地謡もよかったと思うてます。

釣瓶の懸縄

大谷 老女の時間がゆっくり流れていく中で、ところどころで檜垣の女の執心が表されていましたが、それは一つ一つそうやって丁寧に作られて、深くて濃い舞台が成り立っているのですね。

幽雪 ありがとうございます。確かに、丁寧に作らないといけないところがたくさんあります。「釣瓶の懸縄」のところは丁寧さと同時に写実も求められるところです。しかし、あまり丁寧に心をこめてこの型をしますと間に合わなくなってしまいます。その兼ね合いが難しいですね。まあこの間はそれほど忙しいという感じはなしにいけたんですけど。僕がここの井戸に投げて引き上げたときも（笑）、釣瓶は最初が一番重い。初めが一番ゆっくりして、あとからちょっと少うし運び、「憂き」という言葉が出たところで、ぱたっと落としてっていう具合にしました。いろんな型付を調べてると、水の中をもう一回覗きこむっていうのもありました。釣瓶を落としてしもたんやったら、水の中をもう一回覗きこんでも、ええんやろうと思います。

水に映る面影

宮辻　老衰した自分の面影を水に映して見る場面が感動的でした。

大谷　クセの「水に映る面影」。

幽雪　割合深く覗き込んでいました。当然、足を半足ほど左へ出すんですが、本当にもう体がいっぱいで揺れそうな感じでした。初めは水に映る自分の面影を、あとは底の藻屑を感じておりました。

大谷　これまで見た『檜垣』で、あの場面があれほど印象に残っているものはありませんね。私も、いい場面だなあと、動かない時間に感じ入っていました。『井筒』とはまた全く違う趣きで、老女は水に映る姿を見ているんだなあと、二曲を重ねて世阿弥の趣向を楽しみました。

幽雪　ちょうどうちでもね。『井筒』の話はちょっと出たんです。『井筒』はきれいな男の人を見てるんじゃないかって言うてたんですけどね(笑)。だからやっぱり、自分の姿の老衰っていうのを見て、最後に戻すとき、呆れ果てたっていう形で、ふっと、割合早う起きたんです。自分ではもうちょっとましに思ってたんかしれませんけど、もうあまりにも無残で呆れ果てたみたいな形で、すっとこう。割合、ゆっくりやなしに、すっと直したんです。

大谷　『井筒』は、述懐、追憶の世界に浸っているんですね。ですから、甘美な時間なんですけども、そういう意味では『檜垣』は裏腹なんですよね。水面には懐かしき昔が映っているのではなく、老い衰えた「今」の姿が影を落とす。その部分がすごすごとしていてよかったですねえ。まさに古語で「すごすごし」という、その感じでした。

幽雪　ありがとうございます。

髪を指す

宮辻　水の面に自分の面影を映してから、老いてしまった髪を指します。

幽雪　釣瓶のところのそば、汲んだとこのそばまで行って、初めは自分の面影を映す。そして「緑に見えし黒髪は土水《どすい》の藻屑塵芥《もくずちりあくた》」のところ、今は皆さん(扇を持たず)左手を上へ上げて髪を指しますけども、扇を持った右手で髪を指す、というのが型付にあったんです。で、それを一回やっとかんと、なくなってしまうやろうと思いました。左手の方が楽なんです。扇を持った右手でやるのは扇の高さやら考えながらやっていかんならんので、割合しにくいんです。けど、そういう型付があったもんですから、それをやっぱりやっとかんと。「片山がやりよった」ていうたら、そこで残りますやろう。そういう意味で、やりました。おそらく長い間誰もやってないでしょう。私も今まで三回は、全部左手です。

休息

宮辻　休息は、演能前お話しされていた通り、座らず立ったままでした。

幽雪　作り物の柱に当たってね。（梅若）玄祥さんらは前に座られるんです。普通は座られる方が多いんですけど。立ったままっていうのも型付にあるので、私はそれでやったんです。ちょっとしんどいですけど。休息というよりは、もっと昔のことを思い浮かべ、考えてるという感じの形ですわねえ、立ったままっていうのは。

大谷　一挙手一投足の、考え尽くされた、それしかない、という動きが、全体の能のレベルを格段に高いものにしているのですね。

幽雪　まあねえ、昔から、計算をしすぎやとはよく言われてきたことです、若いころから。

大谷　そうですか。私は他の曲でも計算が先に立っている感じは全く受けませんが、特にこの老女物では、もう考えるだけ考えて、その上で、それが濾過されて、とても澄んでいる感じがします。

幽雪　それは何回かやらせていただいたおかげで。この年まで来たさかいに……。

大谷　『檜垣』は現在物じゃないので、休息っていうのはちょっと変なんじゃないかっておっしゃってましたね。休息でお座りにならなかったのも、そういうお考えもあってのことですか。

幽雪　いや、それはそういう意味よりも、やっぱりあの『檜垣』の作り物に、こうずっとたたずんでいたいという、自分の気持ちからです。普通の休息という形は、あまり面白くないなと思って。あれはあれであるんです。

囃子

幽雪　稽古は、(観世)静夫さんが地頭、(藤田)大五郎先生が笛の初演のテープでしたんです。この間の『檜垣』の笛は一噌仙幸《いっそうひさゆき》さん(人間国宝)に吹いていただきました。仙幸さんとは序ノ舞を一回したいな、といつも思っておりました。最近老女のものが重なってても、仙幸さんとはご一緒する機会がなかったので。横山晴明さん(小鼓方幸流)も初めてでした。「こんなところに入れてもらえて」って非常に感激しておられて。広島の方です。勉強家です。仙幸さんの笛は、御自身は調子が悪いって言うてられたけど、やっぱりよい笛でしたね。

大谷　そうでしたね。少しかすれたところも、音量がたっぷりじゃないところも、それがマイナスに作用するのではなく、表現なさろうとしている老女の世界に添っていて、とてもよかったと思います。仙幸さんは、お若いときから吹き渡る風のような笛を吹いてらっしゃる方ですね。

幽雪　お父さん(一噌正之助、一九〇一―七〇)も細みの笛でした。

氷見作の面

大谷　面はどちらの面をお使いになりましたか。

幽雪　あれは家元のです。僕が演じる前の日に、東京の観世能楽堂で家元が使われた面です。扇はうちの扇なんですが、こちらも前の日に家元が使われたものです。

「面をお借りしたい」ってお願いしてないのですが、家元が「たぶんうちの檜垣女を使われるんでしょうね」っておっしゃってくださり、「できたら」ってお願いしたら、「前の日に使うけども、誰かに大阪（大槻能楽堂）まで持たせてやりますから」と。

大谷　面影を映すところがとても効いておりましたね、あの面。

幽雪　いい面ですしね。氷見の本面と河内作の写しとあって、二つ見て、河内も名人ですよね、しかし、どないしても河内のほうに手が行かないんですよね。東京でもう一回見たんですよね、事前に。で、「どうされますか」って訊かれたんですけど、「やっぱりこっち（氷見）の方」って言って（笑）。彩色の違い……。やっぱり奥深い……。彫りはちゃんとしてるのやけど、やっぱり胡粉とか彩色の色とか。それと年代が室町のものと江戸期に入ったものとの、自然の違い。さらに、創作の強さと模作の弱さがありますわね。どうしたって写すってことは、それも克明に写すから、力強さがちょっと欠ける。それはどうしても、模作の、もうそれは……宿命ですねえ。

装束

幽雪　装束の長絹もね、古いので切れかかっていて、みんなが恐がって後ろからそーっとこうやって（笑）。後シテの装束は、長絹の下の方には紅葉が散ってたんです。上の方は緑色に刺繍した色紙で、糸は本当に細い糸で刺繍してあります。まあ、前田利家のころのです。

『姨捨』の初演のときには、三井記念美術館（東京都中央区）が所蔵している坂戸金剛（大和猿楽四座のうち坂戸座を母体とする金剛座の芸系）の本面を借りてやったんです（昭和五十〈一九七五〉年三月九日）。東京でやるときに「もう一回貸してください」ってお願いしたら「以前はお貸ししたかもわかりませんけど、今はどういう方が見えても、当美術館としては一切出しません」って断られました。

大谷　重文指定になったためですかしら。舞台に掛けられなくなるのはもったいないことですね。

幽雪　前場の装束に紅《あか》が入っています。下が黒紅《くろべに》であったりね。しだれ柳の絵なんです、縞が入ってて、紅が入ったり黒紅だったりして、元は結構派手なんやろうと思います。黒紅とは、本来はね、朱を何回も何回も染めていって、黒くなったのが黒紅なんです。黒紅は非常に早く弱ってくるんです。糸を朱でそれだけ何回も染めますでしょ。弱るんです。だから、黒紅で長いこと保《も》ってるっていうのは、少ないんです。うちにもありますけども、そこの黒のとこが早く弱ってくる。普通の紋付でも、赤で染めてその上へ後で黒で染めてってしますでしょ。本来、観世流の本三番目物は黒紅の唐織だと言われておりますけど、黒紅の唐織っていうのは、そんなにないんですってね、どこにもね。糸が傷むっていうことで。

今は黒紅っていうのはできないから、化学染料でそれに近いような色にしてますでしょ。昔のは、朱を何回も何回も染めて黒くなるようなところまで染めてるんですから、深みがあります。黒であっても、どっかに太陽光線やなんか当たると、ちょっと朱みたいのが出てくるんです。

大谷　黒ほど色に違いのあるものはないですね。

幽雪　そうですねえ。

大谷　長絹の露紐の朱も効いていました。

幽雪　前はね、この長絹も褪色した紅を使ったんです。もうほとんど朱ていう感じのないのを。それでもやっぱり朱は朱なんで。

大谷　古い装束を着こなせる条件を持っておられて、よろしいですね。なかなか今の人には着られない丈のものも多いでしょう。

幽雪　長絹は比較的大ぶりで、大槻さんも「古いのに割合大きいですね」っておっしゃったけども、前シテの唐織なんかは、やっぱり他の人は着られませんからね。大抵古いのは私ぐらいしか(笑)、うちの装束でも九郎右衛門でもうぎりぎりか、着られんていうのがちょいちょいありますから。

大谷　そもそもなかなか貸していただけないものでしょうが、最高の着手を得て、装束も喜んでいることでしょうね。

幽雪　たまたま小さかっただけです。野村美術館ができあがる前に、私は虫干しを手伝いに行ってたりしてたんです。で、向こうはまだ美術館にちゃんと目録ができてないって言うておられた。僕は虫干しを手伝うてる間に全部書き上げてたんで、差し上げましょうかって言うたんですけども(笑)。(虫干しのお手伝いしながら)「ああ、この装束はいいな」とか思ってました。

扇

大谷　『檜垣』の扇は妻紅《つまべに》のものをいつも使われるんですか。

幽雪　いや、本来はやっぱり紅無《いろ》しのものを使うんです。しかし、私はいつも妻紅の古い扇でやります。
大谷　そうした細部に、往年の愛らしさというか、色をほのかに感じて、これはこの扇が効いているなあと思いました。
幽雪　宗家が『檜垣』をなさるので、「(八世)銕之亟さんが『檜垣』をするときに、この扇をうちへ借りに来ておられましたよ」と写真を送ったら、「貸してほしい」ということなので、お借ししました。図柄は花ばっかりで、江戸時代の終わりごろの扇です。ちょっと小ぶりの紅《いろ》ありです。僕にはちょうどいいんですけどね。開きが狭い。もっと狭いのもありますよ。
大谷　骨の本数は同じですよね。ということは、紙の幅が少しずつ狭い。
幽雪　はい。(扇の開きの狭い広いに拘わらず)どの扇でも同じように使ってます。あんまり狭いのも使いにくくなるので、これくらいが限度ですね。
大谷　『楊貴妃』とかなるべく華やかなものには大きい方がいいんだと思いますけど。『檜垣』にはちょうど控えめでよかったですね。
幽雪　絵は、木瓜《ぼけ》と菊と牡丹です。江戸の末期でしょうね。
大谷　舞台の上だと随分抑えた色に見えますね。
幽雪　そうですね。
大谷　この妻紅のところはとても効いていたので。間近で見るのと、舞台で見る印象と、また違うんですねえ。ちょうどいい頃合いになってました。前に『檜垣』を舞われたときは、やはりこれを用いられたんですか。

幽雪　いえ、違います。

大谷　妻紅ではない。

幽雪　妻紅ではなく、紅ありの小ぶりの扇でした。型付は、紅無しってことになってます。

桶

宮辻　演能前に少しお話しされていましたが、今回、桶の外側の底部に水を描かれました。

幽雪　桶の底部に。それはねえ、古い型付にも(観世)宗節の時分の型付にも「水桶の底に群青と胡粉でかすかに水を描け」というのがあるんです。かすかにって書いてあるので、一センチ足らずのところに、あんまりけばけばしく描かないようにって、十松屋さんにお願いしました。群青がもうちょっと濃くて、白の胡粉がもうちょっと山があったらなあと思って、少しすーっと、波は立てないでって、頼みました。実際にこう持って、「袂に月や上がるらん」のときに見えるぐらいですが。果たしていいものになったのかどうか、分かりませんが。今はわざわざ作る人はいないでしょう。水のイメージを強調するために描くんでしょうけどね。水の色も群青で、と注文しましたけれども、注文したよりは薄かったんで、もうちょっと直そうかなと思ってるんですけどね。いずれ九郎右衛門がやるでしょうし。私はもう……(笑)。

大谷　徹底した細部へのこだわりですね。前と後で桶を変えられたのですね。

幽雪　見所からはほとんど見えないですけどね。前シテもそれを持って出ようかと思ったんですけども、絵の描いてない杉桶にしたんです。後シテだけ、絵が描いてあるのを持ってたんです。

宮辻　それは役者の楽しみ……。

大谷　楽しみというよりも、それは見えてるんだという意識だと思いますよ。観客の席の場所によって実際にはほとんど見えないとしても。

幽雪　桶が見えるように長絹も着せてちょうだいって言うてたんですけど。角度によっては見えた人もあると思うんですけど。

大谷　細やかですねえ。

幽雪　前シテから持って出てもいいんです。後シテだけとは書いてないんですから。後シテだけならみなさんにようわからんといけませんね。

大谷　舞台だと、光がありますから飛ぶのでしょうね。近くだとこれだけはっきりわかりますけれど。

何を表現するか

大谷　では、緊張なさったという初演も含めて、ご自身の中では、四回の中での会心の『檜垣』は、やはり直近の、この間の『檜垣』でいらっしゃいますか。

幽雪　会心かどうかはわかりませんけど、とにかくこないだはこう、あんまり今までのようにいろんなことを考えずにやれたっていう、それだけですね。

大谷　能は、ストーリーがありますが、でもそのストーリーを順に描くという単純なものではなくて、より抽象的な表現世界へと、幾重にも包まれた構造になっているると思うのですけども、老女を何度も舞っておられて、『檜垣』の場合は何が表現できたら、できたな、腑に落ちたなと思われますか。

幽雪　やっぱりね、僕は、前シテが水を手向けること。それから最後に後シテが手向けること。水を手向けるということ。それが僕は一貫してあるんじゃないかなと思っています。まあ、釣瓶を汲むことは、それほど重要でもないだろうと思うのですけど。それに、やっぱりこの水を覗いてるところが一番——長いけど一番大事なところだと思います。

大谷　つまり、自分の老いというものを観想し、仏を希求し、水を手向け、祈る。その老女の心が、純粋でとても美しい姿で記憶に残っていますが、「手向ける」姿を大事になさっていたのですね。

幽雪　先々代の梅若実先生の写真が残ってましたけども、もっと屈んでるんですよね。で、前シテも、もっとおばあさんの格好してる。ただ、あんまりこうおばあさんおばあさんにもなりたくないし、あれ以上屈んでもちょっと……。あれが限界かなと私は思ったんですけどねえ。

乱(蘭)拍子

幽雪　近頃また皆さんがやられるようになってきたんですけども。私はどうも『檜垣』の乱(蘭)拍子っていうのは、あんまり似合わないし……。次第みたいなのがあってやれたらいいんですけど。幽室の型付にも、昔はあった、ということが書かれています。古い型付では乱拍子を踏んで、後は序ノ舞なしでくるっと回ってきて舞上ゲになるんですけど、舞上ゲの謡の、ほんのちょっとしかないところで「水結ぶ、釣瓶の縄の」というあの間のところで乱拍子やってる、というのはどうも、ねえ……。それに乱拍子やるときは、烏帽子を着けてるとかなら……。烏帽子を着けて作り物の中に入ってても白拍子やからいいんでしょうけど、私の好みやない。乱拍子は、古くは観世が『檜垣』で、宝生は『草子洗』、金剛は『住吉詣』、金春は『道成寺』にあった、という言い方をしていますけれども……。

この間、家元が、ちょうど僕の前の日に『檜垣　蘭拍子』をされたときは（本番の前日）「もう序ノ舞やりません」と、言うておられました。「なら、回られるやり方ですか」と訊いたら「回るやり方で、蘭拍子もそんなに沢山しません」ということでした。昔のはね、十八段とか二十四段とか、たくさんありましたけどね。まあ、そんなもの大変ですよ（笑）。最近やってるのは、四段とか、七段とかねえ。その辺ぐらいでやめてるんじゃないですか。私は、『檜垣』の乱拍子、て考えたことないんです（笑）。伝書には、徳川家康が乱拍子をやめさせた、とあります。

〈参考までに、以下、幽雪さん所蔵の『檜垣』の伝書（年代、筆者不明）の中で乱拍子に関するくだりを、大谷教授に解説入りで読み下していただいた〉

大谷　昔あった『檜垣』の乱拍子について、「『道成寺』の足とは違ひ申す由。和歌もなし。舞ひ出《いだ》すより踏み、いっぺん回り、正面受け、「檜垣の女の身の果て」と謡ひ候までにて、舞もなく候由。しかるところ、宗節老の代に、権現宮様――徳川家康ですね――上意によりて相留め候となり」――

とありますね。何が留められたかというと、『檜垣』の乱拍子が留められた、ということですね。「老女にて乱拍子を踏み候はば、興がるやうに見え申すべし。舞の方がましと存ぜられ候」。乱拍子は興がった演出で、舞の方がよいという見解ですね。

幽雪　ぼくも乱拍子より舞の方がいいと思いますね。

《『檜垣』上演記録》

初演：平成二（一九九〇）年五月十九日、「第二十五回片山九郎右衛門の会（京都公演）」京都観世会館

二回目：平成七（一九九五）年十月十四日、「第十四回片山九郎右衛門の会（東京公演）」観世能楽堂

三回目：平成八（一九九六）年十二月七日、「花傳の会特別公演　十世藤田六郎兵衛を偲ぶ」名古屋・熱田神宮能楽殿

四回目：平成二十五（二〇一三）年十月十九日、「大槻能楽堂自主公演能改築三十周年記念」大阪・大槻能楽堂

『関寺小町』

三回舞ったのは明治以降初めて

宮辻　幽雪さんは『姨捨』五回、『檜垣』四回、『関寺小町』を三回なさっています。『関寺小町』を三回舞ったのは、明治以降初めてです。「三老女」をこれだけ舞われた方は、他にいられないのでは。

幽雪　「三老女は、一つは残して冥土でやる」とか言われていたぐらいですしね。

宮辻　過去の『関寺小町』でどなたのを御覧になっておられますか。

幽雪　大阪で（金春）八条さん（シテ方金春流七十八世家元）のを、東京で桜間弓川さん（シテ方金春流）のを拝見して「同じ流儀でこれだけ違うのかな」と思いました。八条さんのはどちらかと言うと昔風のもっさりした能で思い切った型をなさった。弓川さんのは洗練された感じでした。

大谷　これだけ老女物にこだわられるのは、特別な思いがおありなのですか。

幽雪　いやいや、私、そんなにやるとは思わなかった。『姨捨』『檜垣』の抜きは博太郎（幽雪）後援会でやっています。それから後はたいてい皆様からの御依頼を受けてやってきました。

大谷　周りの方々が幽雪さんの老女を見たい、自分の特別な会のときにそれを出したい、と思われる、ということですね。

私も曲ごとに、こういうファイルを作っておりますけれども、役者の方で演じられる曲ごとに資料を集められて、これほどぶ厚いファイルをお作りになるのは、歴代片山家でいうと幽室再誕という感じですね。

幽雪　とにかくいろんなものを集めてきて、だんだん入らへんようになってくるんです。自分がしたものでも、メモみたいにいっぱい書きこんでいって、そういうものがなんぼでも出来てくるんです。稽古してる段階で、杖をどこに置いた方がいいか、ということをチラッと書いたり、そんなメモみたいなことばっかり書いてるもんですから、山みたいに残っていくんです。これを整理しないかんのですよ。毎回一つずつ清書していかんと。まあ一つの演出メモ、下書きみたいなもんです。これは『関寺』の二回目のときのメモです。これは初演のです。

図80　『関寺小町』

『関寺』は最初、藤田六郎兵衛さん（笛方藤田流十一世宗家）からおじいさん（同十世宗家）の年会にやってほしい、と頼まれたんですが、「とても『関寺』はようやりません」とお断りしていたんです。それから八年経ったら、「これ以上待てません。おじいさんの年会に間に合わない」と言われまして……。

〈平成十四(二〇〇二)年十月二十六日、名古屋能楽堂での笛方藤田流十世宗家二十三回忌追善「藤田・龍吟の会」で初めて『関寺小町』を舞った〉

当日朝も稽古

幽雪　初演の一年ぐらい前にお受けしたんです。すぐに稽古にかかり、後半の半年は毎日『関寺』を舞っていました。そうしないとでけへんかったんですよ、鈍臭いから。当日の朝も稽古しました。その三年後、平成十七(二〇〇五)年三月二十六日、もう一回、京都観世会館で「『関寺』を観る会」でやらせていただいた。このときには、慶次郎が「もう当日の稽古やめとけよ。くたびれるだけやから」って。でもやっぱり、それはないんですね。自宅の稽古場で最初から最後まで稽古してから行ったんです。二回目の『関寺』が終わったときにちょっとわかったような気がしたんですけどね。ほんまはわかってへんのですけど。

最後の『関寺』(平成二十五〈二〇一三〉年五月二十九日、国立能楽堂)のときは、することが決まってから本当に毎日ここで、初めから二時間、座った状態のところも地謡をテープでかけてやりました。当日の朝も、国立の稽古舞台で最初から最後までやったんです。だいたいいつもそうなんです。藤田さんらと一緒に「能劇の座」などで地方へ行って、たとえば『隅田川』をやるようなときでも、もう何回もやってる曲ですけど、本番当日の朝、舞台を使わしてくださいと、僕はいつもお願いしているから、藤田さんらもわかってて「舞台あけてあります」って言ってくれます。うちの母でも短くても当日にまたちょっとやってましたからね。もう晩年はそんなことなかったですけど。

大谷　二回目の『関寺』が終わって、少しわかった気になったというのは、言葉にするとどういうことになるでしょうか、何が分かったというふうにお感じになったのでしょうか。

幽雪　全くつかみどころがないと思い込んでたわけですよね、『関寺』っていう能を。やっと二回目やって、少し余裕が出来たのか、「逢坂の山風の」とかで遠くを見るときとか、そういうところをまあ、いろんなことを稽古でやり尽くして、やっと自分で出来たような気がしたということですね。

国立能楽堂で『関寺小町』を舞ったとき、大鼓は山本孝さんの予定でしたが、お亡くなりになったので（平成二十四〈二〇一二〉年十月九日没）、「長男の哲也君にしてください」と、国立と（小鼓方大倉流宗家）大倉源次郎さんに頼みました。孝さんには生前から「哲也を頼む」とお願いされていて、「分かった」と応えていたこともありますが、大阪の若い人にやっておいてもらわないと、大阪に残らない。何か大きな曲になったら東京の人しか出来ん、ということになったら困るし。哲也君がやれたら大阪に残りますしね。（大鼓方葛野流宗家）亀井忠雄さんも（哲也君に）稽古をつけてくれ、後見も引き受けてくれました。一回目の稽古から何回も申し合わせがあり、皆が揃って何回も稽古がやれたので、哲也君にとってもよかったやろうと思います。

あの日は、『関寺』を舞わせてあげよう、という全体の感じがお客様にもあったんで、国立の方も「こういう雰囲気は初めてです」と言うてました。

老女は爪先が上がらないから、どうしても腿《もも》から歩く。そのまま序ノ舞をやられたら、見ててしんどい。どこかでノリを付けんと、と思います。それがしたかったわけですね。『関寺』やったら、稚児の舞を見てふわっとつられて舞う。そこでノリが付けられます。舞うてゆく足使いでも、休息の後、ちょっと足がラクになったからノリが付いていきます。(舞の)四段目ぐらいになったら、またちょっとくたびれて舞い上げる。そんなふうに足使いをいろいろ変えたりしましたけどね。最後の『関寺』のときは、お客様にどこまで見えてたか分からないんですけども。

宗家の朱と雅雪先生の朱

幽雪　『関寺』の謡については、宗家の朱が入っているのと、雅雪先生の朱が入っているのと、ここに二つあります。ペン字の部分は、雅雪先生がまだ若い時分に書かれたものやと思うんです。というのも、(音階を)上げなならんとこにわざわざ、線を引いたりしたはる、当然上がるところにこういう形で線を引いておられる。あ、これはまだ若い時分にきっと、梅若万三郎さんが『関寺』やられたときに、地謡の端で舞台に出られた時分に書かはったものかなと。

〈万三郎は大正十三(一九二四)年五月十八日、東京・梅紅倶楽部で『関寺』を披いた。このときなら雅雪二十六歳〉

それを先生が貸してくれはったんで、写して、それで雅雪先生に謡を習いました。そのときにもここにいろいろ書き込みました。『関寺』の自分の謡は、宗家本と雅雪先生の両方の謡を入れて、自分の謡を作っていきました。そんな高度なことではないけども、参考にして謡うということですね。どちらかと言うと、僕はやっぱり、雅雪先生。謡を習ったのは、ほとんど雅雪先生ですからね。宗家本の朱入りってのは、非常に大事なとこに朱が入ってることもあるんですけども、割合おおまかに書いてあることが多いですね。

隠し節

宮辻　『関寺』の隠し節というのは、どういうところにあるんですか。

幽雪　隠し節がたくさんあるっていうのは、よく言われるんやけども、そんなことはないんですよねえ。たとえば「三河の守《かみ》になりて」というなかに、ちょぼちょぼと小さいゴマが入っている。詞《ことば》の中にあるのが割合多いですね。大層にみんな隠し節だとかなんとか言うてるけども。当然そういうふうに謡わんならん、それを隠し節っていう言い方をしている。こういうことはちょいちょいあります。特別それだけが難しいとは私は思いませんけどね。他には「ちちはわ」って、こう下がってくる、それは当然そうなっていかんと。関東の人はそれを隠し節がたくさんあるとか言われるのやけど、関西弁やったら「はわ」っていう下がるアクセントになったたって変じゃない。それから「高き賤しき人をも分かず」ってところですね、普通に言うてもいいものを、わざわざこういう小さい細いゴマで書いてあるんです。これを隠し節というのならそれでもよろしいけど。同じ小さい、細いゴマは他の曲にもあります。ただ『関寺』にはたくさんこれがあると言われるんでしょ。私はそれほどではないと思うんですけどね。

「心」「むっくり」

幽雪　これは僕が覚書を書き入れた『関寺小町』の謡本です。朱で書いてあるのは宗家本の覚書で、ペンは雅雪本――雅雪先生の覚書です。それを両方一緒に、わかるように朱とペンで書いてあるんです。黒で書いてあるのは両方の覚書です。

大谷　謡本に書いてある「心」は、どういう意味でしょうか。

幽雪　「この二歌を」のところですね。これは宗家本に書いてあった。

大谷　「心」とは、心を付ける、心を入れるということですか。

幽雪　心を入れるっていうより、気持ちを入れたまま切る、ということですね。「この二歌を」と、ブツンと切って「父母として」と続けるのやなしに、「この二歌を(と、だんだん謡い方が弱まっていき)父母として」と。「人をも分かず」のところも「人をも」とはっきり切るのではなく「人をも(と次第に弱まり)分かず」と謡う。「父母」は横に線が引いてあるから、切ってはいけない。そのくせ「は」はさげないといけないわけでしょう。そういうところ「は」の謡い方はちょっと難しい。

大谷　「父母」のところ、雅雪本がブルーのペンで線が引いてあって続けるわけですね。ところが宗家本の朱では「心」が書いてあり、それによれば、気持ちを入れたまま切るというのですから、ここはどういうふうに両立させればよろしいのでしょう。

幽雪　結局、「ちちはわ」って実際には切れないわけですよね。普通は「ちちは」って「は」がこう上がるんですけど、ここは（小さい細いゴマで、下げるように譜が書いてあるから）そうはいかない。「ちちは」ってここの「は」は下げんならん。「ちちはわ」ってこういう謡い方です。

大谷　ゴマを読むのは難しいですね。

幽雪　そういう意味で言うと、やっぱり『関寺』の謡は一番難しいかもわかりませんね。こういう謡の技巧みたいなのはたくさんあるわけやから。技巧っていうか、その一つの言葉のなかの出来事としてね。「我等如きの（庶人《そじん》までも）」っていうところでも、下より中に上がるってのが雅雪本ですよ。宗家本は中のウキからになっている。「我等如きの」のところを「むっくりしっかり（心を）籠めて」っていうのは雅雪先生です。次の「近江の（海の）」っていうのは宗家本にはなかったけども、雅雪先生は「むっくりしっかり（心を）籠めて謡え」と言う。この心は「近江」と謡うとき、琵琶湖のことを思い浮かべるっていうこともあるでしょうけどね。

大谷　「むっくり」した謡とは、具体的にいうとどういう謡と言えばいいでしょうか。

幽雪　京都弁ですけども、ゆっくりじゃなしに、ゆったり——僕ら、むっくり、しかよう言わんのやけど、ふっと行くんじゃなしに、ゆったりこう上がって行くようなのを、むっくり、って言いませんか。

宮辻　「むっくり起き上がる」という言い方がありますが。

幽雪　ここのはそういう意味やなしに、もうちょっと心が入ってて、ゆったり上がって行く感じですね。

大谷　「ゆったり」を、もっと匂いやかに、膨らみをもたせた語感でしょうかしらね。

幽雪　ゆったり力をこめて、ということ。「むっくり」って言うたら、ふわっと上がらんと、ゆったり力をこめて上がるという感じですね。単に上がるだけやない。

大谷　「むっくり」っていうのは、昔の京観世の謡本に時々書いてあるのを見ますね。雅雪氏は東京の方ですので、その付けにあったというのは、ご自身の言葉というよりも、古い形が伝わっているのでしょうね。

宮辻　他に気をつけてらっしゃる謡はどんなところですか。

幽雪　「関寺の鐘の声」というところも気を使いますし、稚児の舞の前もですね。「代々を経て住む。行くすゑの」ってああいうところの謡は神経を使いますね。結局、稚児の舞につられて舞うわけでしょ。その子どもの舞を見た後の謡というものが結構難しい。それからやっぱり、シテの舞の前の謡というのもまた難しい。「これは又七夕の手向の袖ならば、七返しにてやあるべき。狂人走れば不狂人も走るとかや」、そういうところの謡も難しい。それからやっぱり舞上ゲの、「百年《ももとせ》は花に宿りし胡蝶の舞」とか「あはれなりあはれなり。老木の花の枝。さす袖も手忘れ」とかは、ノリがありますし、「昔に返す袖はあらばこそ」とか「あら恋しのいにしへやな」とかも、皆いろいろと難しいです。

小町の出

幽雪　小町が作り物の中で床几に腰掛けている、というやり方もあるんです。子どもたちが来たときに床几から降りるとか、あるいは低い床几にずっと腰掛けてる人もあります。だけど僕は、『関寺』とか『井筒』とか、女が床几に偉そうに腰掛けてるのは気に入らんのです。やっぱり小町が庵にいるんやったら下居しててんとあかんやろと思うんです。「貴座でもいい」と付けに書いてありますが、貴座ってのは、たぶん正座のことだと思うんです。やっぱり普通の、下居、片膝立ててっていう形が、一番ふさわしい、望ましい形だと思うんですよ。小町も。そやから私は、足は痛いですけども、やっぱり座らしてもらうことにしたんです。「高齢にも拘わらず下に居た」と、誰かに書かれましたけど。

「朝に一鉢を……」

宮辻　シテの出の謡「朝《あした》に一鉢《いっぱつ》を得ざれども……」というのは、どういう心持で謡うのですか。

幽雪　私はね、小町の呟きやと思てるんです。『景清』の松門の謡と同じように、小町の呟きなんやと。この呟きが難しいと思います。「朝に一鉢を得ざれども」……求められなんだと。「草衣《そうえ》夕べの膚《はだえ》を隠さざれども」……繕う手だてもない、と。そういうことをぶつぶつ言うてる、それが「花は雨の過ぐるによつて紅《くれない》正《まさ》に老いたり」というあたりから、だんだん老女の心持をし始めていきます。「柳は風に欺かれて緑漸《ようや》く垂れり」のところは、「欺かれて」で切ってはならず、「緑」までは続けなければなりません。「終《つい》には老いの鶯の」っていう「このあたりより段々と心持して謡う」と付けにあります。それで「百囀《ももさえず》りの春は来れども、昔に帰る秋はなし。あら来《こ》し方恋しや」となります。「昔に帰る」と、このへんから昔を思い出すわけですね。だからこのへんまでは呟きであろうと、私は思いますけども。

大谷 老女の能は、すべて孤独ですね。ですので、呟きと捉えるのがふさわしいと思いますね。

幽雪 三回目の『関寺』のとき、この謡い出しを間違いました。自分では分からなかったんです。その朝も稽古してたんですけど。本番で『松虫』のサシ「朝に落花を踏んで相伴つて出づ」を謡い始めてしまいました。何で『松虫』が出たのか分かりません。そのとき、自分ではすぐには分からなかったんです。

これだけ稽古をやり尽くして、私は絶対今回は何にも間違えないし大丈夫であろうと思って舞台に出たら、途端に『松虫』を謡い出して。『松虫』を謡ってるということも分からなくて、家元さんに後ろから付けてもらうたびにその通りに謡ってたわけですよ。しかし私、耳も悪いし、なかなか元へ戻りませんでした。「あら来し方恋しや」の辺は謡ってましたけど。またわからんようになってきたんやと思います。「我等如きの庶人までも」ぐらいのところでやっと戻ってきたんです。

翌日、国立能楽堂へ謝りに行ったんです。せっかく十周年も二十周年も私、いろんな曲やらしていただいて、三十周年に『関寺』をやらしていただいたのに、とんでもない間違いをしてしまった。国立能楽堂で何回か下稽古して、さらに私だけ独りで二回、稽古場を借りて稽古しました。国立能楽堂の人も、よう知ったはるのです。その日の朝まで稽古して、どうもなかったんですが。

国立能楽堂の方は「当日、お客様が『関寺小町』を見るんだ、と集中しておられる雰囲気に、国立能楽堂が包まれていました。そんなことは初めてでした。『関寺小町』というものには充分になってたと思います」と言うてくれましたけど、私はどうしても残念で仕方がない。あれだけ稽古をやりつくしたのにこういう間違いをしたんで、これだけはどこかでやり直したいという気持ちが残りました。やるだけのことをやりつくした上で失敗したので、もう何とも申し上げようがないほど悔しいのは悔しい。

宮辻　それでも『関寺』になっていましたが。

幽雪　それはそうらしいんですけど。東京の方からのお手紙にも、「庵の中に居る姥は、幽雪が化けてるのか姥が居るのかわからんぐらい、面がよく似合ってた」というふうに書いていただきました。

大谷　最初に違う謡を謡ってしまわれるというのは……、凡人だと最初にいう言葉を考えながら、第一声のときを待つような気がするんですけど、そんなことじゃなくて、まっさらになって舞台に立っておられるということですね。

幽雪　そう上手に言うていただいたら、そういうことかもわかりませんけど、何にもわからんとばーっと謡いだしてしまったんですよね。

大谷　言葉を間違うっていうのは、見てる方からすると、その後、大丈夫かなって、いらぬ心配をしてしまうので、そういう意味では劇の腰を折ってしまい、もちろん、なくてありたし、ですが、私は、あの日の一挙手一投足が成り立たせていた『関寺』に、命のかそけき感じ、わずかに残された命の火を灯しながら生きる老女の生の営みを、とても美しく、いとおしく感じて、静かな深い感動を覚えたのです。そうしますと、あの舞台、一曲全体を、後になって、こんな『関寺』だったなと思い出すときに、あの感動を否定したくないという気持ちが先に立つのはもちろんですが、そうしたひいき目だけではない。たとえば、能の付けには全くそんな型はないのに、動いている内に、老女の心持ちとして、これ以上歩けなくなって足が前に出なくなってしまうとか、あるいは杖を持ち直してしまうとか、そこにいる老女の存在全てが巧まぬ老女の自然と感じられる『関寺』であれば、それは能として成り立つのではないかと思うのです。老女なのだから言葉を忘れてしまうこともあるだろう。発せられた言葉の混乱をも、老女の自然となるのであれば、最初の失語によって、全体は破綻しない。もちろん、舞台は自然にやるものではなく、演技によって自然と成るものですから、絶句した舞台を能と認めない評が一方であることは当然ですし、ご自身に悔いが残っておられるのはよくわかりますが。

幽雪　先生が言うてくださったみたいに、『関寺』の能として見せてもらって、いい『関寺』やったと、国立能楽堂の人やいろんな人が言うてくれはるんですけども、自分としてはやっぱり機会があれば演じ直したいような気がどこかに残ってはいます。やり直したらよくなるかはわからんのですけどね、初めのところが気になって仕方がない。

誘ふ水あらば

幽雪　「これは大江の惟章《これあきら》が心変はりせし程に」っていう文章があったりしますでしょ、そのときに文屋の康秀に誘われて「誘ふ水あらば往なんとぞ思ふ」って詠んだという。ああいうところの面の使い方とかはね。要するに色気があるわけです。

「侘びぬれば身を浮草の根を絶えて」って、ここは「心持肝要なり」って型付にあるところですけど、結局、面を心持ち伏せたままずっといって、最後に上を見上げ、恥ずかしそうにして「誘ふ水あらば往なんとぞ思ふ」で、もう一回恥ずかしそうにして、面を今度は上の方へあげていく、そういう型ですね。ここはやっぱり面使いも難しいと思います。この年になっても誘う水があれば行きましょうという気持ちが、色気があるんじゃないかと。そういう解釈をしてるんです。「往なん」は「否む」という意味にもかかっていますけれども。

「誘ふ水あらば往なんとぞ思ふ」ってところ「そこの心持肝要なり」って伝書に書いてありますが、しかし、どう面を使えとは書いてない。そういう難しいところは「工夫あるべし」とか、「心持肝要」であるとか、書いてあるから、やっぱり自分でいろいろやってみな、しょうがないんですよね。

大谷　型付っていうのは「心持肝要なり」とか「工夫あるべし」とか、そういう記述のあり方がとても多いんですけど、ご自身がそれを次の代に伝えられるときには、何とお書きになるんですか。

幽雪　書いた方がいいですか。

大谷　そこが、どうなんでしょうね。書いた方がよければ、先人達がみなどうして書いてこなかったんだろう、ということになりますからね。

幽雪　回るのをやめたという『檜垣』の話で言えば、右へ回ることをして、必要ないと思たらやめたらええんです。それを最初から右へ回ることに触れずに、ただ下向いてから、あっち向いたらよろしい、と詳しく書いて、それでええのか、ということになりますね。

大谷　そういうことですね。現在のこの条件の、このレベルに達しておられる幽雪さんであったからこそ、そうしてみてよかったということが、果たして一般論として書けるのか。他の人がやると、また違ってくるのじゃないか、ということもあるでしょうしね。「してみてよきにつくべし」と世阿弥が言ったように、機に応じてあれこれ工夫をして、ここだというところを自分で見つけることが肝要で、いつ、だれが、どこで、どういう条件でしようと、あっち向いて、こうしろと書いて、これを鵜呑みにさせるように書いてしまったら、そこで能はおしまいですね。

幽雪　私はそんなレベルやありませんが、あんまり詳しい型付というのは書いてええかどうか、ちょっと疑問を持つんですけどね。

大谷　ええ、結局、みな先人たちも、そう思って書かれなかったのでしょうね。

幽雪　そうでしょうね。あんまり詳しう書いたらわからなくなる、て『観世華雪芸談』(檜書店、一九六〇年)に出てましたね。

大谷　あんまり詳しく書くとわからなくなる。逆説的な真実ですね。

宮辻　書かないけど口で伝える、口伝はあるのでしょうか。

幽雪　本当にくだらないことみたいなものが口伝としてあったりします。たとえば『道成寺』で鐘の中に居るときに、体が正面に向いているかどうか知るには、舞台の板を触ったらいい、というそれだけのことが大変な口伝になっています。鐘の直径三尺ほどの間に、かなり板目があるわけですから。前向きか後ろ向きかは分かりませんけどね。ただねえ、体が真っ直ぐ向いて板をさすってるか、それとも斜め向いてさすってるか、それによって違うわけです。だから僕は、たとえば杖を横においてから板目をさする、と教えます。そうしたら確実に真っ直ぐかどうか分かる。「誘ふ水あらば往なんとぞ思ふ」という面の使い方でも、「工夫あるべし」と書いて、こうしてやりなさいという口伝として伝えていったらそれでいいのかもわかりませんけど、自分で考えてもらわな。「ちょっと面伏せたまま黙って」と、そこまでしか書けませんわな。

自分で型付に書いたところもあります。「関寺の鐘の声」っていうところです。頭に囃子方が何も打たないですね。「関寺の(トン)鐘の声」というところにひとつ初めて小鼓がチと打つ。そういうところを「静かに深く聞く」と、書きました。そんなのは昔の型付には書いてなかったんですよ。自分で勝手に書いた。そうした方がいいと思ったんです。

それから「逢坂の山風の」っていうときには、「山風の」でもう一つ遠いところを少し伸び気味に見ています。

短冊とこより

幽雪　「飛花落葉の」で短冊の方を向いて取って、「書くや」っていうところから書くわけです、『熊野』の墨次みたいにこう筆を、僕は最初にちょっとこう、穂先を揃えるような感じで、こうつけて、ちょっと引いてから書くんですけども。最後にした『関寺』のときは、一番リアルに書いたと思います。年寄やから目も悪い、手も震えると。目も見えないしっていうところから、短冊を目に近づけて、ちょっとこう震え気味にして、そんなことしたらあかんのかもわからないですけどね。そういう書き方をしたんです。で、「枯れ枯れに」のときにもう一回書いていって、計二回書くわけです。それをもう一回ゆっくりながめて、それから横へ捨てる。近くで見るということも大事やけど、書き終わったものをもう一回ゆっくり見てるというのも、大事なことやないのかなと思うんです。

初演のときには、短冊は下から出したんですね。短冊は作り物へ吊ったまま書いてもいいんです。そういう付けもあるんです。大抵は、下からこう出して書くんですけど。細い糸に吊るした短冊はあんまり薄いと揺れるから、自分で二重に合わせて厚いのをこしらえました。で、それを糸で吊ったんですけど、それを引っ張ると、他のが、ぴんと、こう揺れるわけです。そやから二回目の『関寺』のときから、こよりをこしらえて、こよりを通して短冊の裏で広げておくことを思い付いたんです。それなら、短冊を引くとすっと抜けますでしょ。それが一番いい。こよりが作れんと、あかんのですけどね。

百歳を印象付ける

幽雪　「御出で候へとよ」とワキに手を取られて、庵から出て常座の方へ行く。見所の正面から見たら真横を向いてる。そのときに歩いてる姿っていうのが、百歳であることをお客さんに一番印象付ける歩き方っていうのをしました。ちょっとリアルにね。そこで、ああそうやな(百歳の姥なんだな)って思っていただけるように。しかし、そんなことずっとやってたらあかんのですよ。

宮辻　庵の中に一時間ぐらい座っていて、いきなり立つのはかなり立ちにくいと聞きましたが。

幽雪　立ちにくいです。普通は杖がかけてあるんですよ。立たせにきたら、扇を懐に入れて、杖を取って、立つわけです。だけど私は、そんなときに扇を懐中するのは具合が悪いし、おかしいと思うので、そうはしません。ワキと子方の問答の間に、扇を懐に入れておきます。ワキに立たせてもろて、片方の杖をついてから次の足を出すんです。それだけ杖を頼りにしてるわけです。当然の型なんですけど、そういう教えがあります。それも口伝といえば口伝かもわかりません。細い竹の杖でも本当に助けになります。あるだけでだいぶ違いますね。

移拍子

幽雪　（常座へ行き座って、子方の舞を見ていて、地謡の）「幾久しさぞ。万歳楽」のところで、こう扇を打って何気なく（自分が舞う気持ちへ）移るっていう「移拍子」といわれるところなんですけど、なかなか何気なく扇が動かへんのですね。「万歳楽」の「楽」っていうとこで扇を打つと決まってるんです。けど、決まってるだけによけいに自然に見せるのが難しい。思わず知らず子どもの舞につられて拍子をとったという仕方がしたいわけです。けれども、それがなかなか自然に動かない。自然に思わずというような打ち方をなんとかしたいのですが……。

毎日、杖を突く

幽雪　杖を突くっていうのも、毎日やってへんと、不自然になるんですよね。やっぱり、自然にこう杖を突き慣れてしまうようにならんと。老女の杖は力にする杖、頼りにする杖ですね。『善知鳥《うとう》』みたいに未来永劫ずっと杖を突き続けて、業《ごう》で歩いてるっていうような杖とは違いますでしょ。この杖一本が頼りやさかいに。杖を右に持ってるときは右足の出る前に杖を突く。左に持ってるときは左足の出る前に突いて歩く。そういうのが不自然にならんようにするには、突き慣れるまで歩かんとあかんのですわ。ふっとこう突くのとは違う。そのごくちょっとのタイミングが若い人には難しいんです。タイミングは稽古で、自分で会得せなしょうがない。「何分の一秒前に突きなさい」とは言えない。結局、稽古量ですね。僕らは杖が本当に頼りなんですけど。

型付を見てたら、「稚児に囃されて、立って舞わんとしたけども、朽ち木のように倒れる」というような言い方がしてあるんです。それで「龍吟の会」のときに、「舞おうと思って立ったけども、やっぱり百で舞えなんだ、それで舞がなかってもよろしいか」て六郎兵衛さんに言うたら「笛の会ですから、それはちょっと……」って(笑)。それは冗談ですけど。本来はそんなに長々と舞うもんやないと思うんです。そやから僕は、杖掛けに杖をわざわざ置いて、序ノ舞を舞うて、また取りに行って、っていう、そういうことがどうも自分では納得でけへん。舞うのにわざわざ杖を置きに行くというのが。そやったらこれはもう初めから後見にひかしましょと。で、最後に後見からもらいましょと。二回目のときはそうしたわけですよ。で、最後の『関寺』のときには終始、杖はもう捨てないと。杖を持ったまま舞いました。杖を持ったまま舞うことも付けにあるんです。それに、杖を捨てる必要を私は感じなかったんです。杖を持って舞ってもおかしくない。『西行桜』に「杖ノ舞」という小書があるわけですし。

大谷　今のお話は腑に落ちました。幽雪さんの舞台を理解するのに、二つの言葉が浮かんできました。一つは「自然」。毎日やってないと不自然になるという。杖も突き慣れないと、老女の足になって歩き慣れないと、そのものにならないという。つまりは、世阿弥の言ってるそのものになるということですね。似せるを超えて、そのものになる、これを自然として表現する状態が「安位」なのでしょう。まさにこういうことを、演者としての世阿弥は言ってるんだろうと思いますね。お話を伺っていると、世阿弥が見え隠れしますね。世阿弥は同じことを苦悩して、そういうことを書き伝えたかったんだろうなと、演者としての世阿弥の声が聞こえてくるようです。

もう一つは「得心」。お話の中で印象的なのは、何度も何度も「僕は納得できない」っておっしゃること。逆に言うと、型付を全部得心して読もうとしておられるということです。納得できる形で自分のものになさった上で演じておられるから、つまりはそのものなんですよね、老女だって、作った老女じゃなくて、もう老女になっておられて。

幽雪　しかし舞うていって、だんだんくたびれてくる。それで二段目ぐらいになって休息の前になってきたら、シテ柱のところへ早よ行って休みたいと、そういう歩き方をするわけです。つまり、歩き方を変えてるわけです、そこで。休息して足が楽になった、今度は少し楽に舞ってゆく。ところが舞の終わりになったら、またくたびれてくる、というふうに、舞の足取りを変えたんです。そやから、玄祥さんに「ちょっと見ててください。おかしかったら言うて下さい」って言うてたんですけどね。

大谷　老女の心に添って演じようとすると、今お話しになったような、若い女性を演じるときとは違う、丁寧な動きになっていく。体が動かない分、少しの動きに、堆積した時間の分だけ心がこもる。そうやって演じていくと、自然に動きが止まることも起きてくる。ちょっと休まな、もう動かれへん、という感じですね。ふっと力が抜けてしばらく時間がゆっくり経過する。そうした休息が舞のときに起きることもあり得るということ。舞と書いてあるから、そこになったら、ともかくも舞うというのではなく、そこまで持ってきた老女の心に添って、動くということですね。

杖ノ舞

宮辻　三回目の『関寺』での杖を持った舞は感動的でした。杖を持ったままでは舞いにくいことはありませんか。

幽雪　やっぱり、杖持って舞うというのは、難しいと思います。いろんな曲で僕は、たくさん杖を突いてきて、突き慣れてるということもあります。腰を痛めた後に、『西行桜』を舞った。そのときは、序ノ舞もクセも杖を持って舞ったんです。すると、村瀬和子さんが、「舞と杖は相反するものだろうと思ってたけど、自然に見えました」と、言うて下さったんです。やっぱり舞の中で杖を突くということが自然に出来るようにならんとあかんのですわ。舞い続けないと、そうはいきません。自然に杖がいってる、そうなったら、杖が邪魔にならんのやろうと。持って舞うのが自然に見えないといけないわけですから。

大谷　今、邪魔にならないという言葉をお使いになりましたが、これも重要なキーワードですね。前回でしたかしら、扇の妻紅。枯淡な老女が表現できていないのに妻紅の扇を持ったら、関西弁でいう、やらしい感じになりますね。それが邪魔にならなくて、際立っていて、かつ主張し過ぎず、色を出すために必要なものになっている。能は、いらないものを全部削っていくって言われますけど、まさにそうした本道を歩いておられるというか、本質をつかんでおられるのが、言葉としてもはっきり伝わりますね。

幽雪　舞い上げてから「漂ふ波の」とシテが謡い、次に地謡が「立ち舞ふ袂は」と謡うところ、こう回って行きますわね、そういうところの動きも気を使います。「立ち舞ふ袂」で回りたいのやけども、そんなとこで回ってたら間に合わへん、だから「漂ふ波の」の終わりぐらいから回り出すとか。そういうことは何回かやってから、このへんで回り出したら何とか自然にここへ着くなとか、分かってきたんです。

シテが「羽束師《はづかし》の森の」と謡い、地謡が続けて「羽束師の森の木隠れもよもあらじ。暇申して」と謡うところで、こう杖ついてくる。左手を上に載せて、おじぎするときだけは、割合にリアルにおばあさんのように、ちょっと普通あんまりみなさんがしはらへんほど屈んだんです。「暇申して」のところ。自分でそのほうがええと思ってそうしたんです。

大谷　頭を深く下げておられましたよね。型と心持ちが、よく添っておられたなあと思います。老女の敬虔さ。そもそも、演じてられる老女は、どこか愛らしいところがおありですね。老女の童性がちょっぴりのぞく。ご自身がそっちの方がいいと思われるというのは、全体のイメージが先にあって、それに合致した型を選択しておられるのですね。お話を伺っていると、本当に細やかによくよく考え尽くされているのですね。考えて舞うことは、皆少なからずなさっているでしょうが、考えて舞っているのが、見ていてうるさい場合もある。それが作意ということになるのでしょうが、それが見えるのは、興ざめです。こうした目に障る点、目障りが一切ない舞台をいつもお作りになっておられますが、これは、かなり高度なことなのでしょうね。一つ一つの選択の結果、部分部分が主張する寄せ集めの集合体が出来上がるのではなく、それらが全部こなれて一つのものに成り切って、何も作意がないような自然が成るのは、並大抵のことではありませんね。

国立能楽堂での『関寺』は、このまま時間が止まってしまって、老女は動かなくなってしまうかもしれない、っていう感じがしたのです。曲の後半、舞い始められてから、休息があり、再び舞い始められて、橋掛りから姿が消えていく、その過程です。そこには、ただ老女がいて、老女という存在が時間と空間の中心にある。その老女の舞が途中で止まって、時がそこで止まったかのような、何も動かない空間がそこにあったとしても、あるいは、動かぬ老女の中に何かが点り、ふっと立ち上がって再び舞い出すことがあったとしても、その全てを老女の必然として見てしまうような、かそけき灯火のような『関寺』でした。

シオリ

幽雪　『関寺』の型付でも、この上へ書いていくもんやから、ついコピーをしますでしょ。そうするとこれだけでも三、四冊あるんですよ。ちょっとずつ違うんです。で、最終的にやるのはその中からどれか選んでるわけです。だから普通シオったらシオリ返し、ていうのが大概お能の場合一、二回はあります。目頭をおさえるっていうのがシオリですね、それでこう普通二回する。ところがこの老女の場合には、一回やったらもうそれでええと、シオリ返しはもうやらん方がええと、書きました。この中からどれを取るかは、もうちょっと書いといてやらないと、取れませんわ。これは囃子の手も全部集めてますしね。『檜垣』の型付はこれより多いですよ。『関寺』を舞うことになってから集めました。

杖の先にコルク

幽雪　初演から二回目まで三年しか経ってませんが、身長も縮んだのかもしれません。七、八分、杖の下部を切って短くしました。普通は、杖の長さは突いたときに自分の乳ぐらいです、老女はちょっと短くなる。それがもうひとつ短くなった。老女物の杖は、先が舞台に当たってもあんまりコツコツ音がしないように、矢筈《やはず》(逆三角形)に切るっていうことになってるんですけど、私は自分で杖の先にコルクを入れてるんです。コルクの先端数ミリが杖の先から出ているので滑らない。それに、舞台の板に当たってもあまり大きな音がしない。ただ、全く音がしなくなってもいけない。音も必要なんです。『檜垣』も三回目の『関寺』もこの杖でした。杖の下部を切ったときは、コルクも詰め直したんです。

宮辻　コルクを詰めるというのは幽雪さんの発明ですね。

幽雪　矢筈に切ると、まあ多少は滑らないけども、音がします。コルクを詰めると、音はしない。コルクはね、近所のレストランや酒屋へ行ってね、「ワインを抜いたのを頂戴」って言って、栓をもらってくる。『関寺』の杖を四本も作りました。なぜか、自分でも不思議に思ってるんですけど。竹もいろんなところで探してきて、仏壇屋さんでこういう茶色に染めたんですよ。竹屋さんでも染めてくれるんですけど、なかなか好みの色にはならない。こういう色にしてくれるところがなくて。これはちょっと竹が違うんですけども。これは和歌山の橋本で手に入れました。釣竿の産地なんです。これぐらいの長さ、と注文したら送ってきてくれました。以前、矢を作ってる店へ行ったこともあります。しかし、矢やから短かった(笑)。関寺へも行きました。あそこは住職が居はらへんのです。普段は学校の先生かなんかしてはる。それで土曜日とかだけ帰ってこられる。

宮辻　二回目の『関寺』のとき、背筋をぴしっと伸ばして舞われて、リアルなおばあさんではなかったように思えたんですけど、二回目のときは老人ぽくならないように意識してられたんですか。

幽雪　いや、『関寺』やるころになったら、あんまりもう背筋伸ばそうとか老人ぽくならないとか、そういうことはあんまり考えんようにしてました。『姨捨』の初演のときから、「本来観世流は（写実的な老人のようにしない）」っていう意識はどっかにありましたけど。そういうものをやっぱり捨て去っていく。年をとってきたということでしょうね。

三老女それぞれのイメージ

大谷　どんなふうに老女を舞うか、「三老女」一つ一つに、どのように違うイメージをお持ちですか。

幽雪　幽霊であったり、現在物であったり……。現在物の『関寺小町』は、最奥と言われてるからか、初め自分ではとっても駄目、と思ってました。庵から出してもろて、ワキに手を取られて立って、常座まで歩きますが、舞台を横に老女が歩く、そのときに、百歳というイメージがお客様に分かるように歩きたい。写実的な歩き方かも分かりませんけども、そういうやり方が、『関寺』は現在物であるだけに出来るわけです。つまり『関寺』は写実でやれる部分があるわけです。

だけど『檜垣』の方は、舞の名手やさかい、というてそんなに腿からばっかり出る老足ばかりでも……。どういうふうに舞っていこうか、と思うわけです。（「その古の白拍子」あたりで）大左右して（「昔の花の袖、今更色も麻衣」あたりで）打ち込んで、（「短き袖を返し得ぬ」あたりで）袖を見たりするところです。回っていくところでは如何にもサシにくそうに差せ、という言い方が型付にしてあります。『檜垣』は袖を返すんです。拍子も踏みます。『姨捨』は袖も返さないし、拍子も踏まない。その辺はちょっと違うから、どういうふうにやったらええのかな、と考えます。

三老女で最も難しいのは……

宮辻　以前、三老女の中で『姨捨』が一番難しいとおっしゃってました。

幽雪　あのね。『檜垣』は、たとえば『定家』とか『求塚』のテーマと類似したところがあるでしょ。業に沈んで永遠に水を汲み続けるとかが。そういう点で、処理がしやすいと思うんです。型は非常に具体的な型があるし。技巧的には難しい面もありますけども。で『関寺小町』は一番、それはもちろん、「朝に一鉢を得ざれども……」ていう初めの呟きですね、ああいうところの謡がなかなか難しいし、稚児の舞にのって舞うて行くという、そういうところも難しいんでしょうけども、これは百歳(の小野小町)であるってことをどこかでお客さんに分からせること。まあ私は庵から出て常座へ歩いて行くっていう、これは前も申し上げたと思うんですけども、そのとき、お客さんに一番よく見えるので、百歳っていうイメージを植え付けられたらいいわけですね。そういう意味で技巧で捉えることができるんじゃないかと思うんです。で『姨捨』は(小町のように名のある)何の某でもなし(『檜垣』のように)白拍子の名手でもないし、舞の名手でもない。ただの五十か六十かわかりませんけども、田舎のおばあさんが山に捨てられて、それでお月さんと同化して舞うていくと、そういうところですね。だから、そういう意味では、具体的に何をやったらええのかっていうことになると、難しいんやないかなと思うんです。それで他の老女物を何回かやった上で、やっぱり『姨捨』が難しいかな、と思いましたし、この間、九郎右衛門にもそう言うてたんです。うちの親父も三番目的に捉えてって言うてましたし、二十四世宗家の左近先生も『姨捨』しかやってませんでしょ。で、私もそうして『姨捨』から取り掛かったんですけども。青山（観世銕之丞家）は『檜垣』を先にされるんじゃないですかね。その方が、階梯としては入って行きやすいんじゃないかと、今は思っておりますけどね。

確かに『関寺』は最奥と言われてますから、『檜垣』やって『姨捨』やって『関寺』ということですけども。まあ最終的に私は全部何回かやらしてもろて『姨捨』が難しい。やっぱりこのお月さんと遊ぶというか、お月さんと戯れるというか。そういうこととか。田舎のおばあさんであって、月は阿弥陀仏の右脇士の大勢至菩薩とかそういう話になりますからね。クセは全然違ってくるし、でまた最後、一人捨てられて、という形……。普通は送リ留で立って何足か足を合わせて詰めるところですが、僕はその送リ留が全部終わるまで座ってたんです。要するに、石になるような形で、最終的にはそこにいたいという形でやったから。初演からそうですけどね。そのころはとってもできてるわけはないんですけども。今考えるとやっぱり『姨捨』が難しいような気がしますね、私は。

宮辻　今までそういうことをおっしゃってる方はおそらくおられませんね。

幽雪　それはおられないですね。長生きしたおかげでしょうけども、何回も何回もやらせていただきました。大概一回ずつしかされませんしね。

親子で三老女

宮辻　親子で一年（平成二十五〈二〇一三〉年）の間に三老女を舞った、というのはかつてない……。

幽雪　そう思います。（私が）『関寺』やりましたやろ（五月二十九日）。九郎右衛門が『姨捨』やりましたでしょ（九月二十九日）。それで今回『檜垣』。たまたまそう行き合うたんですが。九郎右衛門も今までに『檜垣』も『関寺』もね、（地頭の）銕之丞さんの横で謡わせてもろたりしてたんです。けど、九郎右衛門が『檜垣』の地頭をしたのは、今回が初めてなんですよ。だからまあ、そういう年になったんかなと〈このとき九郎右衛門さん四十八歳〉。

普通はまあ、あの年ではあんまり……。僕らもあの年でやったことありませんしね。

大谷　能というものを考えるにあたって、あるいは能を演じるにあたって、能のいろんな要素が凝縮してるのが老女物だと考えることができますけれども、その老女物を通じて、何を自分は表現しているのかということを、あえて言葉に出されるとしたらどうなりますでしょうか。あるいは、老女の舞台の何を見ていただきたいというふうにお思いですか。

幽雪　いや、それはちょっと難しいですよ（笑）。

大谷　難しいですね。ええ。

能を初めて見る人に

大谷　何も知らない人に一番簡単な言葉で、能っていうのはこんなものだって説明するとしたら。

どんなことになるでしょう。

幽雪　やっぱり僕は、初めて若い人が来はったとしたら、その日に、なんでもいいから、足元がきれいやったとか、所作がきれいやったとか、面がきれいやったとか、装束がきれいやったとか、何でもええさかい自分の印象を一つ持って帰ってもろて、で、機会があったらまたお能を見てほしいと、そう思うんですよね。

大谷　足元がきれいとか、装束がきれいとかいうのは、能の細部というか、片々たるパーツですが、それはその一つ一つ、パーツパーツに、たとえばすり足の運び一つ一つに、隅々まで神経が張り巡らされていて、その集積として一曲の能というものが出来上がっている。この桶にしても、白い波はあと何ミリ上がいいんじゃないかとか、黄金律を求めた結果が舞台にかかっている。だからこそ、あの桶がきれいだった、美しかったっていう、それだけでもいいっていうのは、細部にも充分全体が表現されているっていうか、そこからも能が見てもらえる、ということでしょうね。

幽雪　だから、初めからストーリーが分かりやすいもの『橋弁慶』や『土蜘蛛』みたいなものを見せてたら、それは確かに分かりやすいけれども、これをお能ですよと言ってしまえるかどうか。初めに『井筒』を見られてもしんどいやろと思いますけど。

大谷・宮辻　長い間ありがとうございました。

《『関寺小町』上演記録》

初演：平成十四（二〇〇二）年十月二十六日、「十世藤田六郎兵衛二十三回忌追善　藤田・龍吟の会」名古屋能楽堂

二回目：平成十七（二〇〇五）年三月二十六日、「『関寺小町』を観る会」京都観世会館

三回目：平成二十五（二〇一三）年五月二十九日、「国立能楽堂開場三十周年記念特別企画」国立能楽堂

月に遊ぶ人――片山幽雪

大谷節子

板に吸い付くような美しい運び、一切の無駄を排した自然な扇の動き、はんなりとして洗練された衣装の取り合わせ、それは一幅の琳派の絵のようで、堂本印象が描いた京都観世会館の鏡板によく似合う――、今から四十年前、私が最初に見た、片山幽雪(当時、博太郎)の印象である。

その頃幽雪は、片足に二キロずつの重りを付けて日常を過ごし、来る日も来る日も自宅の稽古舞台で序ノ舞を舞い続けていた。後ろから決して足袋の裏が見えないように、重心が真ん中で移動するように。こうして、「摺《す》り足」と呼ばれる能の足の運びが、完璧なものに仕上げられていった。

この鍛錬の人、片山幽雪が惜しまれてこの世を去ったのは、二〇一五年一月十三日。この聞書は、その最晩年、二〇一三年九月から一年余り、二十五回に亘って行なったものである。最後の聞書を終えた日、宮辻政夫氏と三人で祝杯の約束をして新門前のお宅を後にしたが、師走のある日、これから入院することになったので約束の日を延期しますと告げる律儀なメッセージが留守電に残されていた。そして、これが私が聞いた最後の声となった。

私は、この聞書のための新門前通いが、いつまでも続くことをどこかで願っていたように思う。多くの人が、幽雪の次の舞台、その先の舞台を見たいと、祈り続けていたように。

幽雪がその生涯と能について語った言葉の数々は、こうして私たちに託されることとなったが、刊行に向け、子息の清司さん(当代片山九郎右衛門)を交えて、再び確認のための新門前通いが始まった初日、私は思いがけぬ光景を目にした。

清司さんは、起こされた原稿を読みながら、こうつぶやいたのだ。「親父《おや》っさん、こんなこと言うてましたか」「こう言うてくれてたら、わかったやないか」「んー、これは何いうてるのやわからへんなあ」。傍らに人無きが如きその集中力の様をしばらく眺めながら、私はようやくあることに気付く。幽雪さんは、私たちにではなく、清司さんに語っておられたのだ。世阿弥の伝書が、息男元雅や娘婿禅竹など身近な相伝者に宛てて書かれたのに同じく、この聞書は、幽雪が次の世代、直接には十世片山九郎右衛門に語った、「幽雪伝書」ではなかったか。

しかし、この「伝書」は、或る親から子への伝言といった私的なものではない。それは、幽雪が生涯をかけて追い求め辿り付いて見えた風景を、伝えなければ消えてしまうかけがえのない工夫を、後世に伝えようとした道標であり、その意味では、一個人に向けて語られたものではない。伝書とは、閉じられたものではなく、どうしても知りたい、近付きたいと願う者には限りなく開かれているものである。こうしてこの本は、能役者片山幽雪が、能とは何かを真摯に、且つ平易に語った、最良の能の手引書となっている。

「伝える」ということは、簡単なことではない。「能楽論」と私たちが呼んでいる世阿弥の伝書も、その執筆動機は、能が世阿弥自身の「生」の有限性を超えて在り続けることへの、烈しいまでの希求、悲壮なまでの覚悟の表出である。

命には終りあり。能には果てあるべからず。（『花鏡』奥の段）

「継承」とは、安易な継続ではなく、生命に同じく、絶え間ない変化の中で、消滅の危機と対峙しながら、求め挑む心を持続し、「変わらないために変わり続ける」（福岡伸一『動的平衡』）日々の営みに他ならない。

幽雪を語る場合、片山家九代当主九郎右衛門を継ぐべく生を受けたことは、その生涯の全てであったのだろう。江戸時代の京都は、各藩に抱えられ京に屋敷を与えられた、いわゆる京住《きょうずみ》役者と、家業との兼業もしくは専業の町役者とが共存する町であった。片山家は禁裏御所や仙洞御所で催される能への出勤の他、洛中洛外、大坂、大和、近江など畿内の寺社へも能を奉納する町役者の家であった。片山九郎右衛門の名が『禁裏仙洞御能之記』（宮内庁書陵部蔵）に現れるのは、正徳元（一七一一）年十一月二十一日。「片山家過去帳」によれば、これが初代豊貞である。当時一世を風靡していた竹村孫之進のツレ役を勤めていた豊貞は、孫之進没後、その後継者として竹村の謡会を引き継ぎ、片山は野村、川勝などと並んで京を代表する能大夫の家となる。そして、脇方の福王家の弟子であった謡の家々が観世に移籍していく江戸中期以降は、京都の観世流を統括する役割を担い、近代を迎える。

明治維新時の当主は、幽雪の曽祖父、晋三。金剛流の野村三次郎・金剛謹之輔と共に激動の京都能楽界を支えた剛直の人である。元治の大火で舞台を失い、新たな地に再建するも、再びこれを火災で失う。幽雪の祖父は観世元義。元義は生涯に二度能楽堂を建設するが、観世家に復した後に建てた丸太町の京都観世能楽堂は、第二次世界大戦終結直前、建物疎開のために解体撤去を余儀なくされる。戦争終結の数日後には舞台再建の請願書を出した幽雪の父博通は、戦後、京都観世会館の建設に奔走する。そして落成の日、父は建設の「苦労」の荷を肩から降ろすべく、「九郎右衛門」から博通へ直る。その父の突然の死去。後継者として想像を絶する重荷を背負うこととなった若き日の幽雪(博太郎)は、その重荷を糧とし、父を嗣いで「九郎右衛門」を引き受ける。代々の九郎右衛門が、その時々の苦難の中で車軸を動かし続けたように、この重責を自らに課す覚悟を決めたのである。こうして幽雪は、「片山九郎右衛門」を生きた。

しかし、「継承」とは鍵やバトンの受け渡しではない。伝えられ、伝えていくものの本質は、形なきものである。その家に生まれさえすれば自ずと掌中に収まってくれるような、簡単なものではない。初舞台の博太郎は、「多幸の第一歩」と祝福を受けた。

此の日、片山博通氏息博太郎君が初舞台として、宗家と片山氏の地で「猩々」の仕舞を舞って、多幸の第一歩を能楽界に踏み入れた。

（沼艸雨能評「観世元義十七回忌追善能」一九三六年三月八日、京都観世能楽堂『沼艸雨能評集』檜書店、一九六七年）

この六歳の日に、「多幸」――後に幽雪が自戒を込めて「余徳」と呼んだものの正体に気付いていたはずもない。形なきもの、目に見えぬものは、その時を迎えなければ、知覚することはできないのだ。受け継ぎ、伝えていくものは、形なきものでありながら、決して軽き荷ではない。これを負う力を持った時、ようやく人は嗣ぐ資格を得る。嫡子が家を嗣ぐ形式主義を保守賛美しているのではない。嗣ぐに値する力を備えられなければ、「家」は一転して無用の長物となり、足枷と化す。世阿弥は言う。

家、家にあらず。継ぐをもて家とす。（『花伝』第七別紙口伝　跋文）

「家」と呼ばれる、形ある何かがあるのではない。伝える者と、伝えられる者がいて、形に還元できぬ継承が行なわれた時、それを「家」と呼ぶ。「未熟」の自覚と、到達すべき未踏の領域の「感得」、全ては「覚醒」を促すシステムである。

幽雪は、何度も繰り返した。「違う」「そやない」「なんか違うんやないか」。自らの稽古の時も、そして次の世代に稽古を付ける時も、人の舞台を見る時も。何を求めるべきかが、幽雪には見えていたのだろう。どうすればよいか、それはすぐにはわからないが、どこか違う、何かが違う。違う、違うと、ダメ出しを繰り返した。そして、「簡単なことではないんです」と呟いていた。こうした孤独で地道な精進に支えられて、幽雪の芸は磨かれ、研ぎ澄まされ、深化していく。

安住しない姿勢は終生変わることなく、幽雪はまた、世阿弥の言う「時々の初心」を知る役者でもあった。

時々の初心を忘るべからず。(『花鏡』奥の段)

年を重ねるにつれて、変わっていく自分を自覚することによって、その時々にふさわしい謡、運び、構え、所作が練り上げられていった。その時々の自分にできる能は、その時々の自分にしかできない能であり、その時々に真に立つことによって、次になすべきことが自ずと現れる。幽雪は変わり続ける役者であった。

幽雪は、不器用を公言していた。しかし、決して不器用な人ではなかった。作り物(舞台の道具)を作る手はまめであったし、そもそも好きであった。生来の凝り性は趣味の薔薇や牡丹の栽培でも徹底しており、「そやない」の完璧主義はここでも発揮されていた。博太郎時代から技も切れていた。にも拘わらず不器用を自認する理由は、若い頃の痛恨の記憶による。

若い能役者を採点するという新聞社の催しで、既に梅若万三郎の再来と称えられていた五歳上の観世寿夫の百点満点に対して、幽雪には及第点すれすれの「六十五点」が下される。以来、「八十まで生きたら世に認められるかもしれない」と言ってくれた父の言葉を信じ、励む。

徹底した稽古重視は、京舞井上流の人間国宝、四世井上八千代であった母から仕込まれた教えでもある。うまくいかず、うなだれるたびに、「稽古が足らんのや。あきるほど稽古しておみ」と諭した母は、終生稽古に倦むことのなかった、天性の舞の人であった。

稽古して、稽古して、当日の朝も稽古して、何も考えなくとも自然に体が動くようにまでなって、舞台に上る。世阿弥の言う、

稽古は強かれ、情識はなかれ。(『風姿花伝』序)

を、幽雪は実践した。そしてこの「稽古」によって幽雪が獲得したものは、「似せる」という過程を経て「そのものになる」こと。世阿弥の言う「安き位」を、幽雪は求め続けたのである。

こうして「凡」であることを自分に言い聞かせながら、幽雪は誰にも真似できない鍛錬を自らに課し、人一倍、妥協のない稽古を重ねた。そして、確固たる、しかし柔軟なる身体、強靱でありながら、

しなやかで艶やかな謡を作り上げていった。六十歳過ぎての肺活量が通常の半分であったことなど、誰も信じまい。この「非凡」の果てに、老女物への挑戦があったように思う。

老女を秘伝視することは、世阿弥の時代にあったことではない。しかし、後代の能役者が老女を能の修練の最終目標に置いたことは、伝授のシステムとして、よくできている。「動く」「使う」「働く」、こうした指示によって「型」を教えてきたプログラムの果てに、動けぬ身体を表現する。全てのマニュアルが白紙に戻されて、役者は基本に立ち返る。そして、「老体」と「花」という背反する二者を同時に体現し得た時、「老木に花」と世阿弥が呼んだ想定外の美が表出する。

老女を語る幽雪が、この時何度も繰り返した言葉は、やはり「自然」であった。幽雪は、微に入り細に入り、計算をし尽くして舞台を作り上げる人であった。しかし、その「作為」が表れては老女は舞えない。「そのものになる」ためには、一切の違和感を消さなければならない。再び幽雪は稽古を重ね、型付(舞台上の所作を書き付けた書物)と対話する。

本来「型」は流れとして、ある。型付の記述は、いわば点の指示に過ぎず、このデジタル記号を「型」の流れに再生する能力が、役者には求められる。幽雪は、この型付を読み、先人の工夫を汲み取り、作り上げた身体で、これを再生する。「型」は、母の言うその時々の「うんすんの間」、後にも先にもない、一つしかない「間」の連続によって成り立っている。その絶妙の加減を感知する力、それは鏡を見るばかりでは養われない。世阿弥は言う。

離見の見にて、見所同見となりて、不及目《ふぎゅうもく》の身所《しんしょ》まで見智して、五体相応の幽姿をなすべし。これ則ち「心を後に置く」にてあらずや。(『花鏡』)

鏡を使わずして我身の姿を知り、さらに心の眼で自らを見智する。こうして老女の表現を自らのものとした幽雪は、次の世代への最後の継承の時を迎えていた。

図81　片山幽雪氏筆「無辺光」

自らの工夫を話す時、にわかに「書いといた方がいいですか」と私は尋ねられた。このような時、幽雪は私に答えを求めてはいない。書くことによって誤って伝わってしまう、書かないことによってのみ伝えられることがあることを、幽雪は身を以て知っているのだ。

その時私は、入矢義高がかつて語った禅と教育の話を思い出していた。――禅は「教えない教育」の代表のように言われるが、「私はこれを火と呼ぶ」「おまえはこれを何と呼ぶか」という問答は、主体的に物を把握する訓練である。考えなければならないということを提示する、あるいはそこに問いが潜んでいることに気付かせるという意味において、教えている、導いているのだ。――「違う」「そやない」を連呼し、周囲を当惑させた幽雪の徹底した否定の提示は、「答え」への依存を回避した、難度の高い、しかし最も確実な伝授の方法ではなかったか。

日本芸術院会員、能楽観世流シテ方人間国宝片山幽雪は、その刻苦勉励の一生涯を、喜々として生きた。救いの月光を一身に受け、遊ぶが如くこれと一体化する『姨捨』の老女、幽雪がこのどこまでも透明で無垢な存在となり、「無辺光」（阿弥陀仏の光明）を放つ瞬間に、同じ時代に生を受けて立ち会えたことを、幸せに思う。

あとがき

宮辻政夫

戦後の能楽界を代表する名人の一人、片山幽雪さんの芸談の本が出来上がった。それも幽雪さんの長男、十世片山九郎右衛門さんが『檜垣』を披く三回忌追善能に合わせて。この本の中にも出てくるが、幽雪さんは晩年、九郎右衛門さんに「僕が生きている間に、早よ「三老女」をやって」と、再三希望しておられた。『姨捨』は実現したが、『檜垣』『関寺小町』は、残念ながら、間に合わなかった。その『檜垣』初演に合わせて出版されたのだから、これ以上ふさわしい時期はないだろう。思えば、たくさんの方々にお世話になった。その経緯を、あとがきとして、記しておこう。

二〇一三(平成二十五)年の二月か三月頃だったと思う。私は、片山幽雪さんの芸談を出版してはどうですか、という内容のメールを、岩波書店の吉田裕さんに送った。吉田さんには、文楽人形遣いの名人、初代吉田玉男さんの芸談集『人形有情』出版の際にお世話になっており、メールは極く軽い気持ちで送ったのである。実は、なぜそのようなメールを送ったのか、私にもよく分からないのである。幽雪さんの芸談を是が非でもまとめたい、という切迫した気持ちは、この時点ではなかった。ところが、すぐに返事が来て、是非出版したいから、早急に会いたい、という内容であった。これには、びっくりした。これほど早く、しかも会って話したい、という積極的な吉田さんの姿勢に圧倒されてしまった。

その翌月あたり、東京へ行った際、岩波書店を訪ねた。

吉田さんは「是非出版したい」と話し、大谷節子さん（成城大学教授。当時、神戸女子大学教授）と二人で聞書をしては、と具体的に提案してきた。私は内心、反応の早さに、またまたびっくりしていた。さてこうなると、何よりもまず幽雪さんの了解を取らなければならない。しかし、これは難関だと思った。というのも、この六年前の二〇〇七（平成十九）年、新聞社に勤めていた私は、幽雪さんの芸談連載を企画し、お願いしたが、断られていたからである。この時の幽雪（当時、九郎右衛門）さんとのやりとりの様子などは京都観世会館会報誌『能』平成二十八年十月号に「片山幽雪さんの芸談連載が幻に終わった事」と題して記した。以下、内容が重複する箇所もあるが、引用も含め、その時の経緯を簡単に記すと──。

二〇〇七年十月十三日、幽雪さんは京都観世会館で「㐂寿を祝う会」を開催し、大盛況だった。その感想などを電話で聞く機会があり、その時、私が考えていた芸談連載の企画を告げた。幽雪さんは「いやあ、そういうのは私は苦手ですから」と渋っていたのだが、改めて片山家へ依頼に行くことになった。

隔週連載の企画だったが、当日、やはり幽雪さんは「厄介な話ですなあ」などと、困ったふうである。以下、『能』から引用する。

《「幽雪さんの芸談を読みたい方はたくさんおられますし、是非、お願いしたいのですが」

などと私が押しても、なかなか幽雪さんからいい返事は返って来ない。すると、応接間の障子が開き、いきなり京舞井上流五世家元、井上八千代さんが入ってきて、私の横に座った。びっくりする私をよそに、八千代さんは言った。

「お父さん、芸談の連載したらどうですか」

何と、うれしい応援団の出現であった。（略）幽雪さんは何事に対しても大変真面目に責任感を持って取り組む人である。多忙な日々の中で、隔週とはいっても毎回きちんと話が出来るか、それを心配しているのであった。やがて幽雪さんは悪戯っぽい目になって、こう言った。

「そしたら宮辻さん、連載を始めて、二、三カ月してから、「やっぱり、や〜めた」て投げ出しても、ええ？」

「ちょ、ちょっと待ってください。それだけは勘弁してくださいよ〜」

両手を前に出してストップする形をして慌てる私を、幽雪さんはにやにや笑いながら見ていた。》

と、まあ、こんな調子で芸談連載企画は幻に終わったのであった。

岩波書店の吉田さんにメールを送ったのは、その六年後の二月か三月頃なのである。私が新聞社を退職するのを目前に控えていた時期であった。今振り返ってみるに、幽雪さんの芸談は、新聞記者のやり残した仕事として、頭の片隅に引っ掛かっていて、それが退職を前に、ふと外へ流れ出た、それが吉田さんへのメールとなったのではないか、と考えられる。それが思いがけなく、吉田さんの積極的な姿勢で、幽雪さんに再度、芸談の聞書を要請することになったわけである。ただし今度は新聞連載ではなく岩波書店からの出版、として。新聞記者時代、幽雪さんを何度も取材した。その折り折りに聞いた、様々な芸談、稽古の話……。弟子の方々からも幽雪さんの芸や人柄がうかがえる話を聞き、芸談の活字化を勧められてもいた。それらが改めて思い出され、これはやはり残しておかなければならない、と思った。

前回は新聞連載、今回は出版の企画だが、芸談聞書という点では二回目になる用件を持って、片山家を訪れたのは春頃だったと思う。出版の企画を説明したが、

「厄介な話ですなあ」

などと、幽雪さんの返事は、六年前と変わらなかった。しかし、いろいろ話しているうちに、新たな状況が出てきていることが分かってきた。幽雪さんの話では、芸談は檜書店が取材して出版することになっている。しかし取材は始まっておらず、計画は進んでいない、ということだった。

「檜書店さんの話があるので……」

幽雪さんの言い分は、当然であった。

出版の企画は、もうこのまま檜書店に任せていいのだった。しかし、計画が進んでいないというの

が、何かすっきりしない気持ちにさせられた。檜書店の檜常正社長とは面識があったので、会って計画の状況などを聞いてみようか、とも思った。しかし、自分がそこまでやるべきかどうか。迷ったまま二、三カ月ほどが経った。しかしこのままやめてしまっては無責任のようにも思われ、一応、はっきり決着のつくところまで行ってみよう、と思い、檜書店に計画など聞くことにした。

檜社長に電話をして、国立能楽堂で会うことになった。檜社長にこちらの計画を話し、過日、幽雪さんと会ったことなども伝えた。すると、檜社長は、

「企画が前進しておらず、このまま刊行が遅れてしまっても申し訳ないので、岩波書店様で進めていただいて結構です」

と、快く譲歩して下さったのである。

後日、幽雪さんにそれらの経過を話すと、こちらの企画を受け入れてくださった。それで私は次に大谷さんに会いに行った。暑い日の夕方、相国寺の前で会い計画を話すと、大谷さんも聞書協力を快諾してくれた。その後、吉田さんにも経過を報告した。

これですべて条件は整った。取材は二〇一三年九月二十五日午後四時から始まった。私と大谷さんが片山家を訪ねて話を聞く、という形で進めた。以後、月に一〜三回の割合で、一回二〜三時間余。話を聞くのは、まず「三老女」から始めた。というのも、この年の五月二十九日、幽雪さんは『関寺小町』を東京・国立能楽堂で勤めており、十月十九日には『檜垣』を大阪・大槻能楽堂で舞う予定であった。さらに取材の始まった九月の二十九日には、九郎右衛門さんが『姨捨』を京都観世会館で初

演する予定で、「三老女」について聞く、絶好の機会だったのである。

「三老女」の取材が終わってから、その分をまず文章にまとめた。しかし当時、私は多忙で録音起こしにネを挙げ、大谷さんにお願いして首藤芙柚子さん（当時神戸女子大学大学院生）に五、六回分ほど録音を粗起《あら》こししていただいた。これは大いに助かった。ありがとうございました。

「三老女」の原稿が出来上がってから幽雪さんにチェックしていただいた。全体に亘って二度、幽雪さん自身が斧鉞《ふえつ》を加えた。「三老女」分が終わった後、「修業時代」から「三十五番を語る」まで、だいたいこの本の目次順に聞いていった。

取材は二〇一四（平成二十六）年十一月十二日まで計二十五回に及んだ。この時点で聞き書きすべき予定は終了。これ以降は再び、幽雪さんが原稿を閲することになっていた。次回は十二月十七日と決めていたのだが、十二月の初め頃だったか、幽雪さんから電話があった。

「ちょっと体調が悪いので入院することになりました。まことに申し訳ありませんが、次回お約束しているのは、中止にしていただきたいので……」

いつものことだが、真面目な幽雪さんは本当に申し訳なさそうであった。その時の話では、「たいしたことはない」ということであり、私も「お気遣いなさいませんように。お大事に」と返事して、それほど心配はしていなかった。しかし、これが幽雪さんとの最後の会話になってしまった。年がかわって間もなく、幽雪さんは一月十三日午後六時十八分、敗血症のため旅立たれてしまったのである。突然であった。

幽雪さんは一年余の間、忙しいなか時間を割き、我々の質問に丁寧に答えてくださった。能の最奥の曲と言われる「三老女」について、これほど精細に語られた芸談集はなかったし、他の曲についても、幽雪さんが相当なところまで踏み込んでお話ししてくださっているのは、読者の方にもお分かりいただけると思う。幽雪さんに深く感謝する次第である。

さて手許には幽雪さんのチェックを待っている聞書の原稿と録音が残った。すると、長男の九郎右衛門さんが原稿を校閲してくれるという。言うまでもないことだが、九郎右衛門さんは現代能楽界の実力派で、幽雪さんの芸と人についてこれ以上知悉している人はいない。原稿を九郎右衛門さんにチェックしていただけるのは、大変有難いことであった。九郎右衛門さんは過密スケジュールの中で、時間をやりくりして下さった（実際、その多忙さは想像を超える）。九郎右衛門さん、大谷さん、私の三人が、片山家の応接間で原稿を前にチェックすることを繰り返し、二〇一七（平成二十九）年二月二十六日の夜、全ての校閲作業が完了した。九郎右衛門さん、本当にありがとうございました。

また片山家からは貴重な写真の提供を受けた。片山家が多数のアルバムを預けている立命館大学アート・リサーチセンターにも協力していただいた。その他、巻末の図版出典一覧に見る通り、多くの方々から写真を提供していただいた。ありがとうございました。幽雪さんの妻・ひろ子夫人、井上八千代さん、その長女・井上安寿子さん、さらに片山家能楽・京舞保存財団事務局長の駒井潤さんら片山家の方々にたいへんお世話になった。この本の編集の労を取ってくれたのは言うまでもなく、岩波書店の吉田さんである。

幽雪さんの芸談の活字化を私が思い付いてから、十年。もし、岩波書店の吉田さんが私のメールに積極的姿勢を示さなかったなら、もし、檜書店の檜社長が譲歩してくれなかったなら、この本はこの形で世に出ることはなかっただろう。お世話になった多くの方々に御礼を申し上げます。能楽はもちろん、広く演劇を愛好する方々に読んでもらえれば、幽雪さんにも喜んでいただけると思う。

二〇一七年九月

図版出典一覧

図1　丸太町の観世能楽堂舞台（分林道治氏提供）
図2　丸太町の観世能楽堂見所（分林道治氏提供）
図3　丸太町の観世能楽堂外観・階上敷舞台（分林道治氏提供）
図4　丸太町の観世能楽堂鏡板（現京都観世会館二階敷舞台）（大谷節子撮影）
図5　須田国太郎デッサン『熊野』（大阪大学附属図書館蔵）
図6　新門前稽古舞台（片山家能楽・京舞保存財団提供）
図7　柳馬場夷川下ル片山能舞台竹絵（大谷撮影）
図8　「京都能楽堂之図」（法政大学鴻山文庫蔵）
図9　「京都観世能楽堂正面并ニ平面図」（帆足正規氏提供）
図10　片山博太郎、片山慶次郎、観世寿夫、観世静夫（一九五三年ごろ）（片山九郎右衛門氏提供）
図11　『弱法師』の所作を説明する幽雪氏（大谷撮影）
図12　京都観世会館（大谷撮影）
図13　神戸能楽会館（『点を線にしたい――私本・上田照也の歳月』上田英子、一九九〇年）
図14　元町能楽堂（『点を線にしたい――私本・上田照也の歳月』上田英子、一九九〇年）
図15　大慈能舞台（『点を線にしたい――私本・上田照也の歳月』上田英子、一九九〇年）
図16　大阪能楽殿（上野朝義氏蔵）

図17　「片山豊慶之塚」碑拓本（大谷撮影）
図18　近衛家より拝領の扇・袋（大谷撮影）
図19　鷹司家より拝領の扇（大谷撮影）
図20　六世九郎右衛門晋三（片山家能楽・京舞保存財団提供）
図21　京都ハリストス正教会（柳馬場夷川下ル片山能舞台跡地）（大谷撮影）
図22　初参人形（大谷撮影）
図23　春子（三世井上八千代）と三兄弟（片山家能楽・京舞保存財団提供）
図24　片山九郎三郎（観世元義）（蟻井猶之助『能楽図譜』第壱巻、一九〇三年）
図25　室町夷川上ル片山能楽堂舞台抜き（高木秀太郎『能楽』関西写真製版印刷合資会社出版部発行、一九〇三年）
図26　差符（袋）（大谷撮影）
図27　差符（書面）（大谷撮影）
図28　大礼の祓（片山九郎右衛門氏提供）
図29　西本宮へ移動（片山九郎右衛門氏提供）
図30　西本宮拝殿（片山九郎右衛門氏提供）
図31　「ひとり翁」の奉納（その1）（片山九郎右衛門氏提供）
図32　「ひとり翁」の奉納（その2）（片山九郎右衛門氏提供）
図33　東本宮へ移動（片山九郎右衛門氏提供）
図34　東本宮拝殿（片山九郎右衛門氏提供）
図35　片山家の女笠（大谷撮影）

図36　翁烏帽子の紐（大谷撮影）
図37　野村別邸碧雲荘の舞台（『百万』　野村得庵追善会　一九五三年）（片山九郎右衛門氏提供）
図38　碧雲荘庭園にて（片山九郎右衛門氏提供）
図39　茶の稽古（片山九郎右衛門氏提供）
図40　幽謳会新年会（一九五八年一月）（『博通望憶』　片山家、一九六四年）
図41　結婚式（一九五六年二月）（『博通望憶』　片山家、一九六四年）
図42　『翁』（前島吉裕氏撮影）
図43　『葵上』（前島吉裕氏撮影）
図44　『阿古屋松』（金の星　渡辺写真場　渡辺真也氏撮影）
図45　『安宅』（金の星　渡辺写真場　渡辺真也氏撮影）
図46　『井筒』（前島吉裕氏撮影）
図47　『鵜飼』（金の星　渡辺写真場　渡辺真也氏撮影）
図48　『善知鳥』（金の星　渡辺写真場　渡辺真也氏撮影）
図49　『江口』（前島吉裕氏撮影）
図50　『鸚鵡小町』（金の星　渡辺写真場　渡辺真也氏撮影）
図51　『大原御幸』（金の星　渡辺写真場　渡辺真也氏撮影）
図52　『景清』（吉越研氏撮影）
図53　景清面の説明をする幽雪氏（大谷撮影）
図54　『通小町』（金の星　渡辺写真場　渡辺真也氏撮影）
図55　『砧』（前島吉裕氏撮影）

図56『恋重荷』（金の星　渡辺写真場　渡辺真也氏撮影）
図57『高野物狂』（金の星　渡辺写真場　渡辺真也氏撮影）
図58『西行桜』（前島吉裕氏撮影）
図59『鷺』（前島吉裕氏撮影）
図60『石橋』（金の星　渡辺写真場　渡辺真也氏撮影）
図61『俊寛』（前島吉裕氏撮影）
図62『自然居士』（前島吉裕氏撮影）
図63『隅田川』（前島吉裕氏撮影）
図64『摂待』（森口ミツル氏撮影）
図65『卒都婆小町』（牛窓正勝氏撮影）
図66『高砂』（前島吉裕氏撮影）
図67『定家』（金の星　渡辺写真場　渡辺真也氏撮影）
図68『長柄の橋』（大槻清韻会能楽堂提供）
図69『野宮』（前島吉裕氏撮影）
図70『班女』（金の星　渡辺写真場　渡辺真也氏撮影）
図71『藤戸』（金の星　渡辺写真場　渡辺真也氏撮影）
図72『三井寺』（金の星　渡辺写真場　渡辺真也氏撮影）
図73『三輪〈白式神神楽〉』（片山九郎右衛門氏提供）
図74『望月』（片山九郎右衛門氏提供）
図75『屋島』（森口ミツル氏撮影）

図76　『遊行柳』（金の星　渡辺写真場　渡辺真也氏撮影）
図77　『姨捨』（牛窓雅之氏撮影）
図78　『岩船』初シテの清司（十世片山九郎右衛門）と（片山九郎右衛門氏提供）
図79　『檜垣』（前島吉裕氏撮影）
図80　『関寺小町』（金の星　渡辺写真場　渡辺真也氏撮影）
図81　片山幽雪氏筆「無辺光」（大谷撮影）

片山幽雪(1930-2015)
シテ方観世流能楽師．京都片山家九世当主．
1985年　九世片山九郎右衛門を襲名．
1995年　日本芸術院会員就任．
2001年　重要無形文化財保持者各個指定(人間国宝)認定．
2009年　文化功労者表彰．観世宗家より「雪号」と観世流の芸事総監督として「老分」を授与される．
2010年　片山幽雪を名乗る．

宮辻政夫
演劇評論家．元毎日新聞大阪本社学芸部専門編集委員．芸術選奨文部科学大臣賞審査選考委員，芸術祭審査委員などを歴任．
著書に『花のひと――孝夫から仁左衛門へ』(毎日新聞社，1999年)，『京都南座物語』(毎日新聞社，2007年)，『人形有情 吉田玉男文楽芸談聞き書き』(岩波書店，2008年)，『狂言兄弟 千作・千之丞の八十七年』(毎日新聞社，2013年)など．

大谷節子
1960年生まれ．京都大学大学院文学研究科博士後期課程修了．博士(文学)．成城大学教授．神戸女子大学名誉教授．
著書に『世阿弥の中世』(岩波書店，2007年)，論文に「世阿弥自筆本「カシワザキ」以前――宗牧独吟連歌注紙背「柏崎」をめぐって」(『国語国文』2014年12月号)，「狂言「釣狐」と『無門関』第二則「百丈野狐」」(『禅からみた日本中世の文化と社会』ぺりかん社，2016年)など．

無辺光 片山幽雪聞書

2017年10月27日　第1刷発行

著　者　片山幽雪《かたやまゆうせつ》
（聞き手）宮辻政夫《みやつじまさお》　大谷節子《おおたにせつこ》

発行者　岡本　厚

発行所　株式会社 岩波書店
〒101-8002 東京都千代田区一ツ橋 2-5-5
電話案内 03-5210-4000
http://www.iwanami.co.jp/

印刷・精興社　製本・松岳社

ISBN 978-4-00-002232-3　　Printed in Japan

京舞つれづれ　井上八千代　B6判二五六頁　本体三〇〇〇円

人形有情　吉田玉男文楽芸談聞き書き　吉田玉男（聞き手）宮辻政夫　四六判二二八頁　本体三〇〇〇円

能楽のなかの女たち　―女舞の風姿―　脇田晴子　四六判二五六頁　本体二九〇〇円

風姿花伝　世阿弥　野上豊一郎　西尾実校訂　岩波文庫　本体五二〇円

日本の楽劇　横道萬里雄　A5判五四八頁　本体一五〇〇〇円

―――岩波書店刊―――
定価は表示価格に消費税が加算されます
2017年10月現在